JN115537

松下幸之助の死生観

成功の根源を探る

PHP理念経営研究センター
首席研究員
川上恒雄

PHP

松下幸之助の死生観　目次

イントロダクション

第1章 「運命」を生かす——人知を超えた「理法」の存在

第2章

「不健康またけっこう」――病と幸之助

第3章 宗教的背景を探る——「生長の家」のケースを手がかりに

第4章　死生観はどのようにして涵養されたか

第5章 「期待される人間像」議論への参画

イントロダクション

松下電器の創業記念式の様子

▩使命に生きた人

一九八三年、松下幸之助が八八歳のときのことである。日本のリーダー育成のために私財七〇億円を投じて設立した松下政経塾の若い塾生から、塾長として、こんな質問を受けた。

「人生には、賭けを伴う決断というものがいくつもあるのではないかと思います。たとえば選挙に出る場合でも、大勝ちするか、泡沫候補に終わるかという、大きな一発勝負もあれば、着実に積み重ねる、小出しの賭けもあるでしょう。（中略）勝敗の定まらない賭けというものに対して、どのような心がまえを持ったらいいのでしょうか[1]」

幸之助のアドバイスは必ずしも温かいものではなかった。

「大事なことについて、勝つか負けるかやってみなければわからないというのは、むしろおかしいのではないのですか。（中略）『やってみないとわからない』といってやる人もいるでしょうが、私はそんなことをやったことがありません。絶対にこれはやらなければいけない、というものをやったわけです。そうすると、その時は負けようがどうしようが、これはやるべきものであるということで、やりぬくことができます[2]」

勝つことの可能性や確率の次元で判断しているようではやめたほうがよく、どんな困難が待ち受けていようとも絶対に成し遂げるという強い使命感がなければ意味がないという。

「成功とは成功するまで続けることである」[3]とは、幸之助の有名な言葉である。幸之助とは、使命を掲げたからには、周囲から非現実的であると指摘されても、実現するまで力を尽くす人だった。

貧困の克服――戦前の「真使命」と「二五〇年計画」

のちに「水道哲学」として知られるようになった「産業人の真の使命」あるいは「松下電器の真の使命」（以下、「真使命」と略記）についても、その例外ではない。

一九三二年に当時三七歳の幸之助は、松下電器（現パナソニック）の創業記念日を五月五日に定め、第一回創業記念式を挙行し、「すべての物資を水のごとく無尽蔵たらしめよう。水道の水のごとく価を廉ならしめよう。ここにきてはじめて貧は征服される。（中略）松下電器の真の使命は、生産につぐ生産により、物資をして無尽蔵たらしめ、もって楽土の建設を本旨とするのである」[4]と表明した。同社の従業員数がようやく一〇〇〇人を超えた頃のことである。経済的貧困の克服を目指すとは、その規模から考えれば、かなり大それた話だ。

しかし幸之助は、まだ貧しい人の多かった日本社会の現実に対して、自分あるいは自社こそが、貧困を克服すべき問題だと考えた。五〇年後の一九八二年に、当時のことを次のように回顧している。

「昔の日本は貧乏でした。神社の鳥居のそばなどには、いつも数人の乞食が物乞いをしていました。その中には、ライ病にかかって、手や顔までが崩れた、気の毒な人もいたのです。当時の松下電器は、まだ小さな町工場でしたが、貧乏を防ぐという大いなる使命に挑戦しようと考えました。松下電器は、電気器具の製造所であるけれども、その奥にある使命は、貧乏の防止事業であると考えたわけです」[5]

貧困は、独立前に日給の工員として大阪電燈に勤務していた頃の幸之助自身の問題でもあった。大病を患っても生活のために働かなければならず、「四百四病の病より、貧ほどつらいものはない」経験をしたという。

それゆえ「貧困は罪悪である」との思いが強く、「真使命」実現のための方法と順序をまじめに考えた。「二五〇年計画」である。

幸之助は一九三二年を、真使命を知ったという意味で「命知第一年」と定める一方で、以降の二五〇年を一〇節に分割し、第一節の二五年を使命達成への基礎固めの時代として、現在世代が担うとした。さらに各節の最初の一〇年を「建設時代」、次の一〇年を「活動時代」、最後の五年を「貢献時代」と呼び、このサイクルを一〇回繰り返すことにより、物資が安価で無尽蔵な楽土を建設するのだと訴えたのである。気の遠くなるような「計画」だが、自身の死後の期間に及んでまで「成功するまで続ける」意志は強かった。

そんな幸之助をもってしても、「続ける」ことをあきらめざるをえない障壁があった。戦争である。

「二五〇年計画」は事実上、頓挫した。一九六六年に幸之助は社員から「『二五〇年計画』はどうなったのか」という質問を受け、「その当時力強く常に口にしてまいりました二百五十年の計画ということを、戦争を転機といたしまして、一時口にすることを見合わせております が、その精神は根底に失われておらない。十分にそれをもっております」[6]と回答している。しかしながら、その後に「二五〇年計画」が社の公式の方針として取り上げられることはなかった。

■PHP研究への展開――敗戦による「計画」の見直し

日本の敗戦によって、貧困の克服を目指すにせよ、もっと根本的に人間と社会のあり方を見直さなければならないと幸之助は考える。そもそも「真使命」の真意は、「水道哲学」という俗称から連想されるような物資の大量生産・大量供給ばかりにあるのではなく、「宗教道徳の精神的な安定と、物資の無尽蔵な供給とが相まって、はじめて人生の幸福が安定する」[7]ことにあった。

幸之助は一九四四年の戦時中においてさえ、幹部社員に向けて「産業人の使命は大衆を貧乏から救うことにある。（中略）われわれが物資的楽土を建設し、これに宗教家の精神的教養を加えると、すべての人は安心立命を得る」[8]と述べている。すなわち企業としての松下電器が担う物資の供給だけでは「真使命」実現の必要条件にすぎず、精神的安定が実現して初めて十分条件が満たされるというのだ。そして、精神面での役割は、主として宗教が担うと考えていたようだ。

けれども、戦後の人心や道義の乱れをみるにつけ、精神の豊かさの実現に向けて、宗教に期待するばかりでなく、みずから立ち上がるべきだと痛感する。

幸之助は一九四六年一一月三日、ＰＨＰ研究所を創設し[9]、ＰＨＰを実現するための研究と運動を始めた。ＰＨＰとは「Peace and Happiness through Prosperity」の略で、日本語で表現すれば「繁栄によって平和と幸福を」という意味あるいはスローガンである。そして幸之助は、新たな人間観の探究に取り組み始めた。いわば「真使命」の射程を、一企業の次元から人間一般の次元に拡張して、物質面だけでなく精神面にも踏み込んだと解釈することができる。

「二五〇年計画」というかたちでは頓挫しても、使命達成に向けて「成功するまで続ける」という幸之助の信念に変わりはなかった。ただ、このＰＨＰは松下電器の公式活動ではなく、同社の経営理念や基本的な経営方針がただちに刷新されたわけではない。

ＰＨＰ研究所創設から約二カ月後の一九四七年一月一〇日に開催された松下電器の経営方針発表会の中で、幸之助は「ＰＨＰ研究は、決して松下電器とは遊離しているものではないことを、よく認識していただきたい[10]」と社員に向けて訴えた。しかし、経営が危機的状況にあった一九四九年八月三〇日の「緊急経営方針」では、「私は先般来ＰＨＰ運動を進めていますが、（中略）皆さんにＰＨＰ運動を強制するものではなく、全人類の幸福を念願にしてわれわれは働くのだということをわが社の指導精神として、いま一度はっきりと確立したのであります[11]」と、微妙な言い回しをしている。

会社の経営が悪化しているというのに、トップの幸之助が精神論色の濃いＰＨＰの活動を続けていることに対して、拒否反応を示す社員が少なからずいたようだ。幸之助は後に、「この大事なときに、ＰＨＰでピーピー言うとは何ごとだという声が起こり、組合からもだいぶお叱りをこうむりました[12]」と当時のことを回顧している。さらに翌五〇年七月一七日の「緊急経営方針」では、経営に回復の兆しがみえて社業に徹するとの理由で、「私自身がＰＨＰ運動を外部に呼びかけることをやめる[13]」と明言した。

とはいえ、それまでの三年半のＰＨＰ研究によって、幸之助の人間観や世界観はおおよそ確立していた。それは、この当時の考えをまとめた著作『ＰＨＰのことば』（一九五三年刊[14]）と、後年に自身の人間観を論じた『人間を考える』（一九七二年刊）とのあいだに大きな矛盾がみられないことからも理解できる。[15]

あえてその後の幸之助のものの見方に大きな変化をもたらした可能性があるものをあげるとすれば、初めての海外経験となった一九五一年のアメリカ視察だろう。ただし、経営技術や民主主義の先進性といった点については大いに学んだようだが、従来からの自身の考え方にかえって確信を持った点も多かったという。

▩「松下幸之助」とは何か——宗教的観点から浮かび上がる人物像

PHP研究で深めた幸之助の人間観はある意味、奇妙なものであった。「物資の生産に次ぐ生産」によって貧困が克服されると訴える「真使命」とは対照的に、「人間は生まれながらにして、神様から繁栄、平和、幸福が与えられている——これが人間の生命力の姿であり、人間の本質であると思うのであります。言いかえますと人間は本来、繁栄、平和、幸福な生活を営む生命力が与えられているのであります[16]」というのだ。しかし現実には紛れもなく貧困問題が存在しており、なぜ「繁栄、平和、幸福」が与えられているのか、疑問に思うのが自然であろう。

幸之助は「現実」を「本来」と区別して、人間と世界を認識した。「現実」に問題が生じているのは、人間自身が「本来、繁栄、平和、幸福が与えられている」ことを自覚していないからだと考えた。ここでいう「人間の生命力」とか「人間の本質」とは、「顕在化すべき潜在的能力」とでもイメージすればよい。人間は、その「生命力」「本質」が「本来」与えられていることを自覚していれば、「自然の理法」と幸之助の呼ぶ宇宙の正しき法則・真理に従うことで、「現実」において繁栄、平和、幸福を得ることができるはずだと主張したのである。しかし「現実」の人間は、狭小な人知にとらわれて「自然の理法」に従うべきことを忘れてしまったというのだ。

この幸之助の見方は、合理性や科学的思考を重んじる現代人からすれば、理解の困難な話である。先述したように、PHP研究を始めた幸之助に対して、松下電器の社員の中には冷ややかな見方も存在したことは無理もない。けれども一方で、幸之助が九歳のときに小学校を中退し、近代的知識を重んじる学校教育をほとんど受けていないことを考えるべきだ。「真使命」に関して、「宗教道徳の精神的な安定」「宗教家の精神的教養」といった表現を用いていることなどを考えると、もともと宗教的な世界観が身近にあった人物であることがうかがえる。

幸之助はPHP研究の文脈にとどまらず、会社経営について論じる際も、「自然の理法」に順応することの重要性を頻繁に語るようになった。記者から事業成功の要因を質問されて、「天地自然の法による」[17]と答えて、キョトンと反応されたこともあったという。

実際、経営論の主著『実践経営哲学』（一九七八年刊）においては、二〇項目にまとめられた経営の心得の一つに「自然の理法に従うこと」とあるだけではなく、他項目にも通底して「自然の理法」（あるいはその同義語）の概念が繰り返しみられる。とはいえ、「自然の理法」が経営論の文脈であまり注目されてこなかったのは、宗教的で得体のしれない概念であったことに原因の一つがあるだろう。

幸之助が奈良県の天理教を訪問して、多くの信者が生き生きと奉仕活動に打ち込み隆盛を誇っている姿をみて、企業経営のあり方を深く考えたことはよく知られている。[18]幸之助が使命達成の「成功」に向けて、人間の寿命をはるかに超えた二五〇年もの期間を平然と語ることができるのは、そういった宗教の影響があったのか、幸之助の時間や空間の感覚が特異であったことの表れでもある。

けれどもその感覚の特異性は、幸之助の観点に立って認識することに努めれば、合理的に理解できるものだと解き明かしていくのが本書の主たる狙いだ。その観点とは、経営を実践する現世を超えた次元に及ぶ死生観であり、宇宙観であり、人間観である。

「個人のパーパス」をどう考えたか――現代的な視点

こうした観念的な議論は現実の経営や仕事をするうえで役に立たないようであるが、近年流行している企業のパーパス（存在意義）のあり方を考えるためには有用であるとも思われる。

二〇二〇年代に入って、多くの企業でパーパスの策定が相次いだ。そうしたなか、個人のパーパスが組織のパーパスと矛盾すべきではない、さらには一致すべきだとする見解を耳にすることが増えた。確かに一致することは企業にとって理想的かもしれないが、個人の価値観は多様であり、「企業による全体主義ではないか」「個人のパーパスなど余計なお世話だ」などととらえる向きもあるだろう。

しかし幸之助は、まさにその「個人のパーパス」実現も本気で考えた経営者であった。戦後の人間探究を通して、「個々の人間には、そのそれぞれに異なった天分を発揮しつつ、みずからの人生を全うしていくという使命がある」[19]といったことを繰り返し強調していたからだ。なお、「天分」とは一般に素質や才能と理解されるが、幸之助にとっては文字通り、天（宇宙根源の力）から個人ごとに分け与えられたものである。

幸之助は、現実の経営においても、個々の社員が天分を見いだし、生かすことができるよう力を入れた。その精神は「社員稼業」「適材適所」「物をつくる前に人をつくる」などの表現に具体化され、社員が生き生きと自発的に働くことのできるような組織風土の形成に尽力したのである。

「個人のパーパス」は幸之助自身にとっての問題でもあった。幸之助は必ずしも経営者という立場ゆえに使命感が強かったわけではない。幸之助の死生観に従えば、一人の人間としての「松下幸之助」という個別性は、この世において生きている期間の限りにおいて存在意義のあるものである。だからこそ幸之助は、冒頭の八八歳のときの松下政経塾での発言にみられたように、人生の中での勝ち負けという次元を超えて使命に殉ずる姿勢を貫いたのだ。

現代は価値観が多様化し、企業においてはますます個人の成長意欲や幸福感を高めることが重視されている。

幸之助は経営理念によって社員の心を一つに染め上げた、前時代的な経営者のように語られることがあるけれども、実は人間の個性や多様性の発露した経営の実現を願っていた。今もなお、多くの経営者が幸之助に惹かれるのは、そうした側面も大きいのではないか。

ただ、幸之助はたんに、一企業の経営といった次元で、組織や個人のパーパスに相当するような考え方を有していたのではないと筆者はみている。幸之助は、右にも触れた人間探究のようなさらに踏み込んだ次元で思考をめぐらしていた人であったからこそ、個人の多様性や個性を尊重したのではないか。本書は、そのような観点から、幸之助の見方や考え方の根源を、探ろうとする試みでもある。

■幸之助哲学の根源を探る——本書の構成について

以下、本書の構成を紹介する。

まず第1章では、幸之助が経営において重んじたとされる「自然の理法」について考える。幸之助はなぜそのような、人知を超えた「理法」の存在を信じたのか。その背景を探るにあたり、本章では特に、若き日に形成されたという幸之助の運命観に着目する。幸之助はみずからの運命を開拓してきた実業家であるかのように描かれることがあるものの、本人は与えられた運命を受け入れ、それを生かすべきだと説いた。なぜならば、何か見えざる大いなる力が、「自然の理法」を通じて人それぞれに働いているからだという。幸之助は結局、そんな大いなる力の根源の実在を確信することにより、「自然の理法」を軸とした人間や世界に対する見方を構築していった。

第2章は、幸之助の病の経験をみていく。幸之助は独立前に大阪電燈に勤務していた頃に肺尖カタル（肺結核の初期症状）を患ったことをはじめ、若い頃から体が弱かったという。幸之助にとって「自然の理法」、あるいは同様に重んじた「物心一如」とは、概念というよりも実在や事実であり、その背景として、自身が病と向き合って心身で感じていたことと関係していた可能性を考える。

第3章は、幸之助の宗教的背景を考察する。様々な宗教とかかわりがあったとされる幸之助だが、本章では、特に自身の病の経験もあって関心を強めたと思われる生長（せいちょう）の家の影響について、幸之助が戦前から親交があり、戦後はＰＨＰの研究や活動に協力的だった実業家の石川芳次郎（一八八一～一九六九）との関係から考察する。芳次郎の妻と岳父は、京都における生長の家の発展の礎を築いた父娘であり、石川家の書生の一人はＰＨＰ研究所の初代研究部員であった。

さらに宗教的な話題は第4章に続く。この章では、「一から出て一に帰る」という幸之助の死生観の考察を通して、[20]幸之助の現世肯定、現世主義について論じる。「一」とは、「宇宙の根源」「大宇宙の生命体」である。人間はその「一」から霊的に分岐してこの世に現出し、死後は「一」に溶け込むという。換言すれば、個々の人間が他人と区別できる個別の存在であるのはこの世においての限りということだ。前世でも来世でもない。

幸之助が「成功するまで続ける」という強い意志をもって使命の実現に邁進したのは、それがこの世で果たすべき自分の務めだと信じていたからだ。幸之助は、神でもある「宇宙の根源」の視点から、この世と人間の存在理由を認識していた。一人の人間としてこの世に生をうけたからには、いわゆる「宇宙の意志」を実現するミッションを全うすべきだと考えていたのである。

第5章は、「宇宙根源」の視点から、肉体を持った人間より成る現実の「俗世」に視点を下し、幸之助の教育論、特に道徳教育論について検討する。「物をつくる前に人をつくる」と強調していたように、幸之助は人づくりを経営の要諦と考えていたからだ。具体的には特に、一九六〇年代半ばに臨時委員として参加した中央教育審議会第十九特別委員会に幸之助が提出した意見書などで展開された見解に焦点を当てる。同委員会は「期待される人間像」をテーマに議論したことで知られている。

幸之助にとって、社会の秩序や組織の秩序を揺るがす道徳の乱れは大きな問題だった。企業組織にみられるように、人間は何らかの規範やルールのもとで協働することにより、大きな成果を生むことができる。しかし、規範やルールに従わない人が増えて、秩序が不安定になれば、そもそも協働が困難になる。そこで幸之助は、社会道徳の欠如は経済社会の発展を阻害するのだと、企業経営者らしくプラクティカルな機能面から道徳の重要性を訴えた。

とはいえ、そんな「俗世」の議論も、「自然の理法」といった見えざる宇宙法則の次元で語られたのである。

さて、以上のような本書の内容から、企業経営者としての幸之助のアクチュアルな姿がみえてこないという向きもあるだろう。その点についてはすでに数多くの文献が出版されていて、筆者があえて付け加えることもないということもあるが、筆者自身がこの一〇年来、主に実務家の方々を対象に、経営や仕事に関する幸之助の実践や心構えを伝えることを本業としてきたことと関係している。伝えれば伝えるほど、幸之助の経営者としての発想や思考様式が、そもそもどうして成り立っているのか、その根源を探る必要があるという思いを強くした。

本書はそのような関心のもと、幸之助の具体的な経営論から少し離れて、その根底にある幸之助の人間や世界に対する見方や考え方を、筆者なりの解釈でまとめたものである。そのような根本部分を理解できれば、幸之助の経営論や仕事論の本意が一層よくみえてくるだろう。

なお、最後の「補論」は、幸之助が大切にした「商道」、すなわち商売人として持つべきあり方・考え方の時代的背景について考察した小論である。「一商売人」を自称していた幸之助は、「商人は利益ばかり追求する、利益を追求するのは俗事に属する、軽蔑に値する、というような風潮[21]」に対して、商売の社会的な意義を訴え続けた人でもある。

道義道徳や公益の重要性を強調した幸之助の経営観や商売観は、明治期以来の商業道徳に関する議論の流れの中でとらえることもできることを示している。

第1章

「運命」を生かす
——人知を超えた「理法」の存在

大阪電燈での勤務時代の様子（22歳頃）

一　『道をひらく』の「道」から読み解く運命観

■経営も人生も従うべき「自然の理法」とは

先の「イントロダクション」の中で、松下幸之助が「自然の理法」に従うことを、経営において大切にしていたことに触れた。たとえば『実践経営哲学』（一九七八年刊）において、正しい経営理念を確立することの重要性を最初に掲げているが、その理念は経営者個人の主観によるものではなく、正しい人生観、社会観、世界観にもとづくべきであり、さらにそうした「観」の根底には「自然の理法」がなければならないとしている。

そもそも「自然の理法」とは何か。同書では宇宙の生成発展がその基本だとは記されているけれども、幸之助の他の経営書や経営に関する発言をみれば、必ずしも生成発展ばかりを意味しているわけではなく、その内実は必ずしも明瞭ではない。その主たる理由は、人知を超えた理法であるとされているからだ。

幸之助は、「自然の理法」に従うことが経営にとって不可欠だと主張しているばかりでなく、私たち人間の人生の歩みにおいても大切なことだという。それは、『人生心得帖』（一九八四年刊）の最初の項目「人生の航海術」において、人生航路を「自然の理法」に従って歩めば順調に進むのだと説いていることからも理解できる。したがって極論すれば、幸之助にとっては、ありとあらゆることについて「自然の理法」にかなっているかどうかが重要なことであった。

もっとも、右に述べたように、「自然の理法」は人知を超えた見えざる理法である。幸之助本人ですら、その理法を完全に認識できたわけではないようだ。しかし幸之助は、そういう理法にもとづく正しき力が、すべての人間に、そしてその人間の存在するこの世界に、あるいはもっと広く宇宙全体に働いていることを信じていた。

さらにいえば、私たち人間も、長い宇宙の生成発展の過程において、「自然の理法」に則って生み出されたものだと、幸之助は考えていた。すなわち個々の人間は、ある時代、ある場所に偶然に生まれてくるようでいて、実のところ、あらかじめ何らかの意図をもって、あるいは役割が与えられて、この世に生をうけるとみていたのである。

人間の生命に対するこうした見方は、一見して幸之助の経営実践とは無関係であると思われるものの、幸之助が「自然の理法」を根底にして経営の使命を重んじたことや人材育成に力を入れたこととかかわってくると筆者は考える。その点については後述することとし、まずは幸之助が、人知を超えた見えざる力の働きをどのように感得したのか、とりわけその運命観を通してみてみよう。

■歩むべき「道」は与えられている？

幸之助の運命に対する見方の一端が表現されているものとして、ベストセラーの短編エッセー集『道をひらく』の巻頭に掲載されている「道」があげられる。この「道」については、学校の卒業式や卒業文集などで、その一部が教師から生徒に贈る言葉として紹介されていると、何度か耳にしたことがある。社会に旅立つ、あるいは進学する生徒に対して、今後の人生の道を力強く歩んでほしいという願いが込められているのだろう。

確かにこのテクストだけ読むと、「これから頑張って新たな道を切りひらいていこう」といったニュアンスで読者が理解するのは、自然であると思われる。わずかな資本で独立し、松下電器を一代で世界的企業に育てあげた幸之助のイメージから、そのように解釈されても無理はない。なにしろ本のタイトルが『道をひらく』である。その巻頭のエッセーは、タイトルに則してポジティブなメッセージを読者に与えることを意図していると考えるのが当然だ。

「道」の冒頭は、「自分には自分に与えられた道がある」という一文で始まる。

幸之助にとってその意味は非常に重たい。幸之助の気持ちを汲んで言い換えれば、「道」は与えられてしまっているのだ。それ以外の「道」を歩む選択肢はない。

豊かな時代に生きる現代の日本人は、ほぼすべての人が義務教育を受け、大半が高校に進学し、さらに半数以上が高等教育を受け、どこかに職を得て生計を立てる——といったような人生の歩みを一般的には思い描く。中学校の義務教育を終えた後の進路については、少なくとも希望ベースでは何らかの選択肢があるはずだ（家業の跡継ぎが既定路線などの例外は除き）。

ところが幸之助の場合、初等教育の学歴もなく、商売に従事すること以外に変更困難な「道」が最初から与えられていたというのだ。「ほかの人には歩めない」「自分だけしか歩めない」「所詮はこの道しかない」などの表現がみられる背景には、このような幸之助自身の現実の生い立ちがある。

幸之助の思い描いた「道」は、現代の私たちからみれば、非常に制約が大きい。それでも幸之助は、その制約を受け入れ、自覚して、人生を歩むべきだというのだ。そのように指摘されると、反発する向きもあるはずだ。人によっては、個人の努力というレベルでは変えることのできない生得的な不利もあるからだ。しかし、なおそれでも幸之助は、「与えられた道」をとにかく歩めと主張した。そこを懸命に歩めば「必ず新たな道がひらけてくる。深い喜びも生まれてくる」と述べている。

どうして幸之助はそんな「与えられた道」を歩むべきだと認識するようになったのか、幸之助自身による自叙伝や回顧談を参考にしながら考えてみたい[1]。

二　「悲運」を「強運」に読み替える

■「どん底」の少年期――身をもって社会の現実を知る

幸之助はみずからの人生について、一〇代の頃までの境遇（とりわけ九歳から一五歳までの丁稚時代）と経営者として活躍するのちの境遇とを対比して振り返ることが多い。世間的にみれば、前者は「どん底」「悲運」であり、後者はその逆だというのである。そして、前者から後者への転換に成功できたのは、自身の努力も多少はあったかもしれないが、そもそも「運命」ともいうべき力の働きによると語っている。

たとえば、少しでも前の時代に生まれていれば電気の仕事にかかわることもなかっただろうし、仮に会社経営者になったとしても、戦争が起こらなければかなり異なる道を歩んだはずだと述べている。経営者としての成功を自分の実力ではなく「運命」に帰することは一面、幸之助の謙虚さを示しているという見方もできるが、自身は本当に運命によるものだと考えていたようだ。

幸之助が「どん底」「悲運」と表現した自身の社会的境遇を明確に意識したのは、一〇歳の時に五代自転車商会に奉公を始めてからのことである。同じ子供同士でも、丁稚と学生のあいだには越えることのできない壁があった。

「小学校さえ中途で奉公に出たわたしにとっては、学校・学生姿というものが、やはり大きな魅力だったのです。ことにわたしが奉公していた自転車店のお向かいの家には、わたしと同じ年の男の子がいて、寒い朝、わたしがまっかになった手をふうふう息であたためながら、ほうきを使い、冷たい水で家の表のふき掃除をしているとき、

『行ってまいります！』

と、元気な声を投げて学校へ出かけていたのです。わたしは、思わずふき掃除の手を止めて、そのうしろ姿を見送りながら、なんとはなしに小さなため息をついたものでした。学校へ行きたい——という気持ちはひどく切実であり、そのうらやましさは、いうにいえないほどだったように思います。

そのたびに、わたしは、われとわが身をしかり、慰めて、

『身分がちがうのだ。望んでもかなわないことだ。あきらめなさい』

と、心のなかでいい、手を切るような冷たい水でぞうきんをしぼったものでした」[2]

幸之助は少年ながらも、社会における格差の現実を痛いほど知るのであった。やがて、自分は将来の職業を選べるような境遇にはなく、商売の道で生きていくこと以外に選択肢はないのだという諦念を持つようになる。

■事故や病が「強運」と認識する転機に

幸之助が一〇歳から一五歳までの少年時代のあいだに五代自転車商会に奉公していた明治期末頃の大阪は栄華を誇っていた。すでに「東洋のマンチェスター」と呼ばれ、やがて「大大阪」へと発展しようとしていた頃の時代である。街には路面電車が走り、私鉄の開通も相次ぐ。自転車がようやく普及し始めた時代ではあったものの、幸之助には、人々の移動手段が劇的に変わることが感じられた。電力を使った新産業の勃興のうねりが目に見えて感じられる大阪で商売をしていれば、電気の世界に魅力を覚えたのも無理はない。

大阪電燈で配線工の職を得たいという思いが募った一五歳の幸之助は、小売業から問屋業に発展していた五代自転車商会を半ば無断で離れ、義兄の家に居候する。けれどもすぐには大阪電燈に採用されず、一時的に義兄の勤務するセメント会社で臨時工として働くことになった。勤務場所は大阪の築港から蒸気船で渡った埋立地である。

この蒸気船での通勤最中にも思いもかけないことが起こった。船上で足を滑らした船員に引きずられて海に落ちたのである。季節が夏であったこと、そして気づいた船が助けに戻ってきたことで、なんとか助かった。他人のせいで落ちてしまったうえに、船が気付かなければ死んでいたのかもしれない事故である。それにもかかわらず、幸之助は憤慨も悲嘆もせずに、「これは自分は運が強いぞ」[3]と思ったという。そしてさらに運がよいことに、その後まもなく、大阪電燈に入ることができた。

ちなみに二二歳のときに独立した後にも、幸之助は事故に巻き込まれたことがある。交通事故だ。自転車で配達に回っていたところ、自動車と正面衝突して、五メートルほど飛ばされて電車の線路上に落ちたのだという。そこに電車が走ってきたが、数メートル手前で止まった。自転車はグシャグシャになっていたものの、幸之助はかすり傷一つなし。一般の人であれば、こんな交通事故に巻き込まれて運が悪いと思うはずだ。仮に相手に非があるにせよ、自転車運転には気を付けるべきだと反省するだろう。ところが幸之助はこのときも、「自分は本当に運が強いぞ」[4]と考えたという。

さらに幸之助は、病気を患っても強運だと思った。大阪電燈に勤務していた一八歳の頃、血痰を吐く。医者から肺尖カタル、すなわち結核の初期症状であると診断され、養生を勧められた。しかし、幸之助にはもはや、養生のために帰る場所がない。幸之助は八人きょうだいの末っ子だが、その頃までに、両親のみならず、姉の二人を除いて全員が亡くなっていた（その姉たちも、幸之助が二六歳のときまでに死去）。幸之助は日給を得て生活するために、三日勤務しては一日休みをとりつつ働き続けざるをえなかったという。

初期症状とはいえ、当時の結核に特効薬はなかった。加えて肺病で亡くなった家族が多いため、幸之助は「ぼくも死ぬんじゃないかと思っていた」[5]という。ところが、病状が大きく悪化することはなかった。依然として病弱ではあったものの、ひょっとしたら自分は容易に死なないのではないかと思ったそうだ。

「海に落ちて助かったのも、車と衝突してケガがなかったのも、また病気にかかって死ななかったのも、悪くとろうと思えばとれる。つまり、海に落ちるなどとは運が悪い、車と衝突するなどとは運が悪い、病気にかかったのも運が悪い。（中略）世間には、こういう見方をする姿も少なくないのではあるまいか。

しかし、私は、そういう見方はとらなかった。むしろ運が強いのだ、自分は死ぬような場合でも死なないほどの強い運をもっているのだ、というように考えた[6]」

幸之助は奉公していた五代自転車商会を離れてから、セメント会社時代、大阪電燈時代、そして二二歳の独立後にあって運の強さを感じ、人生に多少の苦難があっても乗り越えることができるはずだという確信を得たという。少年時代に「悲運」と認識していた境遇が、「強運」に転化したのだ。

■〝社会勉強〟が自身の境遇を相対化

「悲運」から「強運」への転化は、別の文脈においても示唆されている。それは、大阪電燈で屋内配線工事の仕事を通して「社会」を学んだことに関係する。幸之助は後年、当時のことを振り返り、「電灯会社の六年間で仕事に行った先の各家庭の状況、商店、会社の人の使い方を見聞きして覚えたことが、一種の学問といえば学問になったと思うんです」「知らず識らず社会学が身についたわけですな」[7]と語っている。具体的にはどういうことか。

幸之助によると、当時の日本人は感電を恐れ、電気関係の工事やトラブルは専門業者に任せるのが一般的であったという。それゆえ幸之助も、電気が通っている、あるいはこれから電気を通そうという家や建物に、出入りする機会が多かった。工事先の住人の暮らしぶりの一端を垣間見ることの多い仕事であったことがうかがえる。

幸之助は一五歳のときに内線係見習工として大阪電燈に入社し、一六歳で早くも内線係担当者に昇格した。担当者と見習工は主従関係にあり、年長の見習工を従えて工事に出たという。そして仕事先について、「自慢ではないが、技能は非常によくて、相当に羽振りをきかせ、担当者になりたてからいい仕事を多く与えられたものであった。したがって高級住宅の新・増設工事方面に多く行かされたものである」[8]と述べている。

この記述に従えば、富裕層の邸宅での工事が多かったのだろう。特に実業家である八木與三郎（八木商店＝現株式会社ヤギ＝創業者）の豪邸が印象に残ったらしく、敷地の広さや部屋の数、そして来客用の風呂（加えて女中用の風呂もあったようだ[9]）の存在に驚き、「（八木家の）

漬物小屋にも劣っている」[10]自宅と対比している。

また、八木のことを、「まことに立志伝中の人で、綿糸問屋の一小僧から、当時すでに大阪一流の綿布商になっていた人」[11]と評している。同社のホームページによれば、[12]八木は「綿糸問屋」ではなく、叔父の米穀店で修業したと記されているが、同じく「一小僧」でもあった幸之助にとって、八木のような実業界での成功者の存在は大いに勇気づけられたことだろう。

八木家の人は、幸之助ら工事人を丁重に扱ってくれたという。その一方で、工事先の中には、「工事人としての私らを無視するような無理解な家」[13]も少なからず存在し、電灯を引く工事に対して「ひと言の礼もなくまことにそっけなく帰らすところ」[14]もあったという。よほど理不尽な記憶として残っていたらしい。

しかしこれもまた、社会勉強だ。高級住宅街に住んでいるからといって、誰もが人として立派なわけではない。一方、自分は貧しい境遇に育っても、奉公先で厳しくしつけられ、商売や工事の仕事を通して人情の機微を知った。それが働いたり生活したりするうえで非常に役立っている——。

幸之助は、こうして「社会」を知ることによって、自分の境遇を相対化することができたのではないかと筆者は考える。当初は「悲運」であると認識していた丁稚の経験がのちに仕事をしていくうえで生きていることに気づき、さらに、将来性のある電気の世界で働くことができたとなれば、「悲運」と思い込んでいたことが実は「強運」へのステップだったという理解につながっても、不自然ではないはずだ。

三　運命と「自然の理法」について

■「死」と向き合う中で養われたもの

幸之助が「強運」と自己認識した背景には、以上のような経験があったことのほか、自身が容易に「死なない」ことも大きかった。命を落とした可能性もある事故にあったり病気を患ったりしても死ななかった事実に加えて、次のエピソードが興味深い。

幸之助によると松下電器を創業後、大正バブルの頃の一九一九年暮れ、「三年前に高等工業の電気科を出て大阪電燈へ入社した相当な資産家の息子[15]」が訪ねてきた。そして、少ない資本でコツコツやっていても面白くないだろうから、会社組織にして大きく事業を展開したらどうかと提案された。幸之助は驚いたが、それも一理あると考え、数日後にその元同僚の家を訪問することを約束したという。

約束通り四〜五日後に訪ねると、待ちかねていた様子の元同僚は、「君が決心してくれれば僕はあす直ちに会社へ辞表を出して、二、三日国へ帰って十軒ほど親戚をたずねて一口五千円ずつ、五万円は調達してくる」[16]と断言する。幸之助は、「取締役」とよばれる自分の姿を夢想し、つい承諾してしまうが、よくよく考えてみれば、元同僚が信頼に値する人物であるのかどうか、ほとんど知らない。いくら親戚が資産家であるとはいえ、そんな簡単に大金を集めることができるのか疑問を感じて、再び相談しようと、数日後に元同僚の家を訪ねる。ところが、本人は急性肺炎で死んでいた——。

幸之助は彼の死に衝撃を受けるが、同時に、自分自身の運について改めて考える。なぜならば、自分が「強運」であると認識するきっかけの一つとなった自動車との衝突事故が、同じ年内の近い時期に起きたからだ。裕福な家で育った元同僚は死ぬ。貧しい境遇に育った自分は死なない——。「こういうことが人間の運の強弱というものだろうか」[17]と幸之助は語っている半面、もしもまだ小さな町工場を、そもそもよく知らない元同僚の資金に頼って会社組織にしていたら「松下電器の今日はなかったのではないか」[18]とも述べており、たんなる偶然の「運」とは理解していなかったことがうかがえる。

なおこの一九一九年は、幸之助の姉にあたる五女のあいも二八歳で亡くなっている。それだけでなく二年後の一九二一年には、長姉のイワが逝去。先述したように、当初は両親を含めて一〇人の家族だった松下家において結局、幸之助だけが生き残ることになった。一方、一九二一年は、幸之助夫婦の初めての子供（長女）が誕生した年でもある。この死と生が同一年であることもまた、偶然の一致だろうか——。

こうした生命にかかわる出来事の連鎖は、幸之助にとって、「運」というひと言では片づけられるものではなかっただろう。幸之助は晩年に、体の弱い自身の長命をもたらしたのは「運命」だと語っている。

「ぼくは生まれつき蒲柳の質でしてね。長じても医者の手をわずらわすことが多く、こんなにまで長生きできるとは思いもよりませんでした。ほんとにありがたいことです。これにはやはり、自分の意志や力を超えた運命とでも呼ぶしかない大きな力の働きを感ぜずにはいられませんね[19]」

「運命」とは、大きな力の働きだというのだ。

■「運」と「運命」という言葉

幸之助にとって、「運」と「運命」は何が異なるのか。本人は両者を混同しているのか、あまり明確に使い分けてはいない。たとえば、一九八〇年に松下政経塾の一年生に向けて、船から落ちた事故と自動車との衝突事故から助かったことに触れ、以下のような発言をしている。

「そういうことで、運が強いということが二回もあったわけです。そのときに、わしは死なんぞということを感じましたね。だから、やっぱり運が強くなければいけない。私は運が強いかどうか分からないけれども、そのように何度も死にかけて、そのあとも肺がまた再発して、死ぬかもしれないということもあった。だから、今日あることは、やはり目に見えない何かそういう運命というものをもっているのではないかと思います[20]」

さらにまた、以下のよく知られた一節でも、一見、「強運」と「運命」が混同されている。

「家が貧しかったために、丁稚奉公に出されたけれど、そのおかげで幼いうちから商人としてのしつけを受け、世の辛酸を多少なりとも味わうことができた。生来体が弱かったがために、人に頼んで仕事をしてもらうことを覚えた。学歴がなかったので、常に人に教えを請うことができた。あるいは何度かの九死に一生を得た経験を通じて、自分の強運を信じることができた。こういうように、自分に与えられた運命をいわば積極的に受けとめ、それを知らず識らず前向きに生かしてきたからこそ、そこに一つの道がひらけてきたとも考えられます[21]」

以上の二つの引用文では、「運」と「運命」が明確に区別されていない半面、「運命」については、「自分の意志や力を超えた」「目に見えない何か」「自分に与えられた」といった表現で形容されている。この表現に従えば、「運命」とは、不可視であるけれども、一個人の人生に、その人の努力や意志から独立して影響を及ぼす、所与の力や実在であるといえよう。偶発的・一時的な「運」とは異なる。ところが、そんな「運」と表現している事象も、時間軸に沿ってつないでみると、一つの太くて抗うことのできない力の働きとして感じられ、「運命」として認識されることもありうる。

■運命の働きは「自然の理」にもとづく

幸之助は、そんな人知を超えた働きとして確信した「運命」について、戦後のPHP研究の中で考察し、「自然の理」にもとづいて人間に与えられていることを、一九五三年一〇月、「PHPのことば　その五一　運命の意義」として発表した。

「人間には、自然の理にもとづいて、運命の働きが与えられています。この働きは、その時代の良識では解明できない要素をもっています。

運命の働きは、解明できないままに一人一人みな異なったかたちで与えられています。一人として同じ運命をもつ者はありません。ここに人間の本質の一面があります。

素直にこの運命観に立つとき、これを生かす道がおのずから会得されてまいります。ここから人それぞれの幸福が生まれてくるのであります[22]」

この「ことば」の解説文の中で、幸之助は、運命は開拓すべきであるといわれるけれども、それでは所与の運命が生かされないと述べ、「運命に上手に乗ることが大切だ[23]」と訴えている。

ここで思い出されるのが、『道をひらく』の冒頭の短編エッセー「道」である。そのメッセージは、みずからの努力や意志で新しい道を切りひらけ、ということを強調しているのではないことを先に示した。与えられた道を懸命に歩むことでその道がひらけてくるのだという。最初から道が与えられてしまっているのは、それが運命であるからだ。道はまったくの自力で開拓するものではなく、与えられた運命にうまく乗る、すなわち運命を生かすことで大きくひらかれるというのだ。

幸之助によると、運命の与えられ方は個人間で異なる。それゆえに、個人各々にとって「所詮はこの道しかない[24]」ことになる。なぜ運命から逃れようとして新たな道を開拓すべきではないのかといえば、運命が「自然の理にもとづいて」与えられているからだ。「自然の理」とは絶対的な宇宙の法則である。運命はその正しき法則によって与えられているのだから、道を歩む途上で理不尽に思えることがあっても、それを生かすことに徹すべきだという。運命が完全に人生を決定づけると主張しているのではなく、生かし方次第で運命の表れ方が異なってくると強調しているのだ。したがって、「運命」が与えられているからといって、何事もあきらめよと主張しているのではない。

■松下電器の遵奉すべき「順応同化の精神」にみる「自然の摂理」

幸之助の見方に従えば、運命は個人ごとに異なったかたちで働く力である。そして諸個人はその力の働きに無理に抗おうとせず、うまく乗るべきだとする。繰り返すが、運命が「自然の理にもとづいて」与えられているからだ。幸之助のこうした運命観が、会社経営においても同様であったことを、「松下電器の遵奉すべき七精神」（現「私たちの遵奉すべき精神〔七精神〕」）の一つ、「順応同化の精神」を例にとって考えたい。

一九三二年に幸之助は「松下電器の真の使命」を闡明（せんめい）後、翌三三年に「松下電器の遵奉すべき五精神」（産業報国の精神、公明正大の精神、和親一致の精神、力闘向上の精神、礼節を尽すの精神）を定めた。さらに三五年に松下電器が株式会社（松下電器産業株式会社）に改組してから二年後の三七年、「五精神」に「順応同化の精神」「感謝報恩の精神」を加えて、「七精神」とする。

このうち「順応同化の精神」について、「進歩発達は自然の摂理に順応同化するにあらざれば得難し社会の大勢に即せず人為に偏する如きにては決して成功は望み得ざるべし」と付記されている。何に対して「順応同化」するのかといえば、「自然の摂理」、すなわち「自然の理」であることがわかる。また、「自然」と「人為」が対照的に示されている。要は、「自然の理」を忘れて自力を過信すると、何か事に挑もうとしても成功は望めないと指摘しているのだ。まさに運命に対する見方と同じである。

幸之助は、「順応同化の精神」について、次のように述べている。

「順応同化の精神は、大いなる誠であると私は思う。すべてを抱擁し、大いなる正しき動きに忠誠の誠をささげるの心である。大いなる誠に従うすなおな心力の現われは、いわゆる神に従う心である。神を信じ、神に従う心はすなわち順応同化の精神であると解すべきである。己れをむなしうして大いなる力を立てる精神である」[25]

この中で、「大いなる誠」「大いなる正しき動き」「神」「大いなる力」といった表現が用いられている。戦前から幸之助が何らかの宗教的世界観を有していたことを示唆しており、興味深い。「順応同化の精神」が一九三七年になってあえて「松下電器の遵奉すべき精神」に追加された経緯を考えると、何かきっかけがあったのだろうか。

松下電器のような企業ではなく、当時隆盛していた新宗教や道徳修養団体などに着目すれば、「自然の理」が説かれていたことは例外的なことでもなかった。たとえば、前章（イントロダクション）で言及した天理教は、「天然自然の理」を説いた。[26]また、大正期から昭和期初めにかけて精力的にモラロジー（道徳科学）を提唱した廣池千九郎は「天地自然の法則」を強調している。

モラロジーについては、時期や場所は不明なものの、幸之助も、話を聞きに行ったことがあるという。[27] ちなみに、一九三一年九月に大阪毎日新聞社講堂でモラロジー大講演会が開かれ、多くの実業家を集めたことがある（翌三二年三月にも大阪第一回モラロジー講習会が開催された）。幸之助がそれに参加したかどうか不明であるが、当時の廣池の知名度を考えれば、講演会の評判ぐらいは耳にしたのかもしれない。

「順応同化の精神」の「順応同化」とは、廣池に特有の表現だという指摘もある。[28] 廣池の大著『道徳科學の論文』によれば、[29]「順応同化」の「順応」は進化論や社会学で用いられる「adaptation」、「同化」は生理学の用語である「assimilation」に対応する。そして、この二つの作用の究極の（最高道徳における）かたちが「絶対服従」だという。廣池は「自我を没却して、神の心に同化し、自然の法則に絶対的に服従する」[30] とも記しており、「神を信じ、神に従う心はすなわち順応同化の精神であると解すべきである。己れをむなしうして大いなる力を立てる精神である」という幸之助の考え方に相通じるところがある。

もっとも、幸之助が廣池のことをどれほど知っていたのかはわからない。ほかにもいろいろな精神的指導者の考え方を耳にしつつ、自身の頭の中で独特な世界観が構築されていったのだろう。

ただ、運命に対する見方を含めて、神のような超越的存在の力の働きが「自然の理法」(「自然の理」と同義)を通じて人間に働いているという認識が、戦前の頃から形成されていたことがうかがえる。

四 「自然の理法」を通じた「力」の働き

■「人知」の限界と「自然」の法則

一九三七年に「松下電器の遵奉すべき精神」に追加された「順応同化の精神」では、「自然の理法」に順応することが重んじられていると述べた。それはさらに戦後になると一層、鮮明になる。たとえば、一九四六年一一月三日のPHP研究所(正確には、改称前の「経営経済研究所」)発足直後、同月一〇日に行なわれた講話の中で、幸之助は次のように述べている。

「人間のもつ知恵才覚というものは、自然の真理、法則を発見することは可能であるが、宇宙の真理を創造し変動することは、これは絶対にできないのである。ところが、人間は才知の発達に伴いこの真理を忘れて、何でも人力によってなしうるとうぬぼれやすいのである。これがすべて過誤をおかす因である。

科学のみならず、政治、経済、経営、生活等々、すべて自然に立脚し、自然の法則に従い、宇宙の真理にもとづいて行動されねばならないのである。諸君はこのことを深く認識してもらいたい。自然に順応し、その法則に従うところにのみ人類の生存が全うされ、繁栄がもたらされるのである。

商売も、事業の経営についてもすべてそうである。これらもみな自然の法則に従い営まれるべきであり、これにそむくときは決して成功しない。一時的に成功するときはあっても、必ず衰微するに違いないのである[31]」

この発言によれば、人間の過誤は、自然の法則（「自然の理法」と同義）に従わず、何事もみずからの知恵才覚によってできるとうぬぼれているところにある。経営もその例外ではない。人知には限界があり、自然の理法に適応すべきだというのだ。一九三七年の「順応同化の精神」でも「人為」の限界が指摘されていたが、戦後になると、「人知」対「自然」（あるいは「人為」対「自然」）の対比が、繰り返し幸之助の口から語られるようになる。

その理由は定かでないが、諸々の発言内容から推測するに、戦争が大きく影響したようだ。幸之助は、万物の霊長であるはずの人間が互いに争うのは、人間自身が些細なことにとらわれているからだと考えた。その一方で、人間以外の動植物は、多数の人間が命や生活の基盤を失うなか、自然法則に従うまま、のびのびと、たくましく生きている。人間はいつしか自然の恵みを忘れ、せまい人知にとらわれてしまったというのだ。

この点について理解するには、幸之助の宇宙観や人間観に議論の射程を広げる必要がある。以下、そのなかでも、昭和二〇年代（一九四〇年代後半から一九五〇年代前半まで）の幸之助の論考や発言にもとづき考察したい。この時期に幸之助の宇宙観や人間観がおおよそ確立されているからだ。特に依拠する文献は、①一九四八年二月から一九五〇年六月まで毎月開催されたPHP定例研究講座での発表内容を主にまとめた著書『PHPのことば』と、②これらの発表内容を体系化することを意図して、月刊誌『PHP』に一九四九年六月号から一九五三年一〇月号まで、途中何度かの休載をはさんで連載された「PHPの原理」である（以下引用の際は、旧字・旧仮名遣いを現代表記に改める）。

万物に働く「宇宙根源の力」

幸之助によると、人間の共通の願いは、繁栄、平和、幸福の実現である。『PHPのことば』に掲載の「人間の目的」（一九五一年二月発表）では、この願いを人間の「主観的立場」と呼んでいる。そして、この主観は、宇宙の真理の「客観的立場」に合致しなければならないと説く。なぜなら、いくら主観的に望んでいても、宇宙の真理に即していなければ、実現しないというからだ。

それでは、「客観的立場」とは何か。幸之助は議論の大前提として、宇宙の万物が生成発展しているのは厳然たる事実であるとみなした。すなわち、生成発展は「自然の理法」である。なるほど、この地球は宇宙の進化の過程で生まれたものであるし、現代の科学的知見からも、宇宙は加速度的に膨張しているとされている。幸之助はこうした事実から、宇宙のすべての営みが生成発展の原則に従って行なわれていると考えた。

したがって、宇宙に存在する人間も例外なくその原則に支配されており、人間には本来、進歩発展するすべてが与えられているという。「もしも（宇宙の）真理に意志があるとしますと、真理は人間が生成発展することを望んでいる、人間に繁栄せよと呼びかけていることになると思うのであります」[32]と述べている。これが宇宙の真理からみた「客観的立場」である。そして、人間はこの「客観的立場」と合致するように、繁栄、平和、幸福実現への願いという「主観的立場」をとるべきだというのだ。

ここで注目したいのは、「客観的立場」において「宇宙の真理」が主語になっていることだ。「真理に意志があるとしますと」と記されていることから、意志のある神のような絶対的存在であるらしい。幸之助はこの意志ある存在の力を「宇宙根源の力」と呼んだ（「宇宙の根源力」と表現されることもある）。「ＰＨＰの原理」の中の「天地自然の理」と題された項目において、以下のように説明している。

「この宇宙が存在するためには、万物をつくり出し、これを動かし（中略）生かしている何か根源の力がなければならないのであります。それを一応、宇宙根源の力と呼んでおきたいと思います。これは実に偉大な力であります。太陽も月も地球も、木も草も動物も、そして人間も一切をつくり出して、しかもこれを日々生かし動かしているのであります。われわれが住む太陽系のようなものを無限に含む大宇宙そのものが、この力によって造られ、支えられ、且つ動かされているのであります。それは宇宙を超える絶対無辺の力であります」[33]

　大宇宙の大本から発せられる「宇宙根源の力」は、「自然の理法」に従って万物に働くのだという。

「この宇宙根源の力は、どのような形で万物に働きかけているのかと申しますと、その働きは、一定の法則にもとづいて働いているのであります。花が咲くのも、実が稔るのも、この法則にもとづいてあらわれてくる結果であります。この法則を、一応、宇宙の法則と呼んでおきたいと思います。

　この法則は、実に整然と、一分の隙もなく、宇宙のすみずみまでゆきわたっているのであります。人間の意志を超越して、実に整然と、厳然たる姿をもって、この広い宇宙に張りめぐらされているのであります。そして、この法則に乗った時、万物すべてが、生成発展の姿をあらわすのであります」[34]

ここでいう「宇宙の法則」とは、「自然の理法」と同義である。「ＰＨＰの原理」の中の「神と法則」（『ＰＨＰ』一九五〇年一〇月号掲載）の項目によると、神ともいえる「宇宙根源の力」は、その「力」を乱用せず、必ず「宇宙の法則」（すなわち「自然の理法」）を通じて万物に働きかけるという。したがって人間は、いつどこでも正しき「自然の理法」に順応することを心がけることで「宇宙根源の力」の「客観的立場」と合致し、宇宙（およびその一部としての人間世界）の生成発展、つまり繁栄、平和、幸福の実現に近づくことができる。

幸之助によると、問題は当の人間がそのことを自覚していないことにある。「自然の理法」によって無限の恵みが与えられていることを忘れ、往々にしてせまい人知にとらわれ、貧困、争い、不幸を招来してしまう。会社の経営や商売もその例外ではなく、「自然の理法」に従えば成功するようになっているはずなのに、奇策に走ってうまくいかなくなるのだという。

■人それぞれに与えられる、使命としての「生命力」

とはいえ、いくら「自然の理法に順応せよ」と言われても、「その理法自体が不明なので、どうすればよいのかわからない」という向きもあるだろう。確かに幸之助は、「自然の理法」

の存在を述べているだけで、その具体的内容をほとんど示していない。しかし、そもそも「宇宙根源の力」の働きを措定していることからして幸之助は不可知の世界について論じているのであって、「自然の理法」の存在を、それこそ「人知」で証明できるはずもない。

見方を変えれば、先述したように、望まない戦争をみずから繰り返してきた人間の歴史を振り返り、人知を超えた「自然の理法」を強調することで、人知に過大な信頼を置くことを戒めているともいえる。「宇宙根源の力」が、絶対法則である「自然の理法」にもとづいて働いている、すなわち人間の立場からみると、大いなる恵みが与えられていることに対して、素直に感謝すべきだというのだ。いわば神への信仰のようなものである。こうした感謝の心があれば、私利私欲にかられ、小さな人知にとらわれて道理に反するようなことはしなくなるという。

さらに、そんな感謝の念の源は、人間一人ひとりが「宇宙根源の力」によって生かされていることにあるとする。「ＰＨＰの原理」の「生命力」(『ＰＨＰ』一九五〇年新年号掲載)の項目によれば、「宇宙根源の力」の働きには「人間を生かそうという意志」があり、その意志が「生命力」となって人間に与えられている。そしてこの「生命力」の内実は、みな同一ではなく、人によって異なる。

幸之助は「生命力」のなかでも何が個別に異なって与えられているのか、次のように述べている。

「人にはおのおのみな異なった生命力が与えられております。この生命力は私たちの生命の根底となっている一つの力で、その内容は、生きようとする力と、いかに生きるかという使命を示す力との二つから成り立っていると思うのであります。この生命力が宇宙根源の力によってすべての人に与えられているのであります。ところが、前者の生きようとする力、（中略）この力はすべての人に共通であり、そこに何の差別もないのでありますが、後者の、いかに生きるかというその人の使命を与える力は、人によってみな異なるのであります」[35]

「生きようとする力」は個人間で共通であるのに対し、「いかに生きるかという使命を与える力」は個人間で異なるという。ただ、その「使命」が個別に与えられているといっても、与えられた本人ですらそれが何なのか、明確には認識できない。だからこそ、幸之助が短編エッセー「道」で強調したように、運命によって与えられた「道」を受け入れ、ひとまずその「道」を懸命に歩むことが大切だとされる。そうすれば、おのずと「道」はひらけてくるという。それはつまり、自分自身の「使命」を感得するということでもある。こうして個々人が「宇宙根源の力」から与えられた「使命」を、おのおのの天分を生かして全うすることに幸之助は人生の成功があると訴えた。

■人間は「神の意志」の実行代理者

この点は、幸之助の人間大事の経営を理解するうえで非常に重要である。人間大事とは、従業員の雇用を守ったり、指導や教育を熱心にしたりすることにとどまらない。個々人それぞれに異なる使命が与えられているのだから、それを尊重し、それが生かされるようにすべきだということである。人間誰しも、「宇宙根源の力」によって与えられた固有の使命を帯びてこの世に生をうけているのだから、無用な人材であるはずがないというのだ。そして、個々人がみずから固有の使命を職場で感得したならば、それが前章（イントロダクション）でも述べた「個人のパーパス」であるとみなすことができよう。

幸之助は、「人間は、宇宙根源の力（あるいはこれを神と言い換えてもよいと思いますが）の代弁者として、その神の意志の認識者であり、実行者としての本質を与えられている」[36]と述べており、人間を「宇宙根源の力」あるいは「神の意志」の、この世における実行代理人と位置づけている。

「人間は宇宙根源の力から人間としての生命が与えられているのであります。人間として生きる使命ということは、生命の与えられているすべてのものの中で、一番偉大な生命であるということで、これはとりもなおさず、宇宙根源力の代弁者という力が与えられているということであります。宇宙根源の力を神様と言いかえますと、神様の代弁者、神様に象（かたど）って造られた存在であるということであります。すなわち、人間というものは、神に代わって自らを処理し、万物を処理してゆく生命が与えられていると思うのであります」[37]

「神の代弁者」「神の代理人」などというと、預言者や聖人を思い浮かべるが、幸之助は人間そのものがそれに相当すると考えた。そして、この点から、前章でも触れたように、人間の本来性という見方が導かれる。

「それゆえ、人間が悩んだり、困ったりするのは、本来、あり得ないことであって、人間は生まれながらにして、神様から繁栄、平和、幸福が与えられている――これが人間の生命力の姿であり、人間の本質であると思うのであります。言いかえますと人間は本来、繁栄、平和、幸福な生活を営む生命力が与えられているのであります」[38]

ここでの「本来」とは、人間が「神の代弁者」として、おのおのの「生命力」、とりわけ「使命」に生きている状態や世界を意味することがわかったであろう。

幸之助にはその「代弁者」たる自覚があったからこそ、使命実現に向かって邁進したのであり、また経営者としては従業員の使命が生かされることに努めたのである。そして経営や仕事の実践面においては、個々人の「生命力」が「宇宙根源の力」から「自然の理法」にもとづいて与えられたものゆえ、「自然の理法」に順応すべきことを繰り返し説いたと考えられる。

五　なぜ「経営は本来成功するようにできている」のか

成功の秘訣は「雨が降れば傘をさす」

経営は人間の営みである。しかし幸之助は、人知のみに頼る経営は、仮に短期的に成功しても、長期的には衰退する可能性が高いと考えた。「自然の理法」の前では、人知ははかないものであるとみていたからだ。だから経営は「自然の理法」に即すべきだというのだが、先述したように、理法についてそれ自体が何か、幸之助自身は詳細な説明を与えていない。

一九六〇年頃、新聞記者に成功の秘訣を尋ねられた際、次のように答えたという。

「『おまえはどうして今日そう成功したのか』という質問を最近、各方面でされるんであります。（中略）つい先ほども、新聞記者諸君から同じような質問を受けたんであります。『松下さん、あんたは非常に成功したと思うが、あんたの成功はどういうところにあったんか、ひとつ話してくれ』ということでありました。私はそれに対しまして、こういう答えをしたんであります。

『ぼくの経営方針というものは、まあ天地自然の法によるんだ』。すると、『天地自然の法によるというような、きみ、むずかしいこと言うな。具体的に言うとどういうことか』と、こういう質問でありますので、『具体的に言うと、雨が降れば傘をさすことだ』と、こういう話をしたんであります。それはどうも、人をおちょくるような話ではないかということであったんでありますが、自分はそういうことを天地自然の法という表現を使ったのであります」[39]

幸之助はよほどこのエピソードが気に入っているのか、四年後の一九六四年の講演でも次のような話をしている。

「先般も新聞社の方々が見えまして、私に、『あなたの会社は急速に発展した。どういうわけでそうなったのか、その秘訣があればひとつ語ってくれないか』という質問がございました。そこで、『秘訣というとむずかしいが、皆さんも何か記事になさるんであれば、まあ話しましょう』と言うて、私の経営はひと言にしていうと、天地自然の法にもとづくということを言ったのです。

すると、『天地自然の法にもとづくというだけでは記事にならん。それはもっと具体的にいえばどういうことか』ということでしたので、『具体的にいうと、雨が降れば傘をさすということです』という話をしたんであります」[40]

「雨が降れば傘をさす」とは、外で雨に降られたら濡れないように傘をさすのが一般的であるように、当然のことを当然のこととして行なうことを表現している。さらに幸之助によれば、こうした行為は当然なすべきことなのだから、頭を使うようなむずかしいものではないという。ところがなぜか経営や商売になると、むずかしく事を考え、当たり前のことを当たり前にやらないケースがみられると指摘する。たとえば、商品の販売価格を原価や仕入値よりも高く設定する、販売した代金を回収する――といったことを商売ではごく自然に行なうはずなのに、商品を売れば売るほど損失が膨らんだり、黒字倒産をしたりする会社が珍しくないというのだ。

幸之助は、「経営はきわめてやさしいともいえる。というのは、それは本来成功するようにできていると考えられるからである」[41]「商売なり経営というものは、もともと成功するようになっている」[42]と断言する。つまり、雨が降れば傘をさすごとく、当然のことを当然として行なう、基本中の基本を徹底する、ひいては原理原則に従うことに忠実であれば、経営はおのずと成功するというのだ。

幸之助が経営者として「自然の理法」を特に強調したのは、高度経済成長期のことである。好況期は順調にみえた企業が、「昭和四〇年不況」に直面し、経営が大きく傾くことも珍しくなかった。銀行借り入れに依存して債務が膨らんだり、まだ一企業体として小さいのにアメリカの大企業に倣って多角化したり、過当競争による無理な価格引き下げで利益を確保できなかったりする企業が目立ったからだ。一方、松下電器の業績も一時的には大きく悪化したが、幸之助によれば、資金に余裕を持つ「ダム経営」や、重電分野に手を出さず弱電（家電）

専業の方針を貫くなど、無理なことをせず、経営を維持できたという。「自然の理法」からはずれた経営は長続きしないことを戒めたのだ。

■「生成発展」の鍵になる「素直な心」

ただ、幸之助が実践した「自然の理法」に対する順応の仕方が、時代や場所を超えて普遍的に適用されるかといえば、必ずしもそうではない。業種や企業の規模によっても異なるはずだ。幸之助はそもそも、宇宙の万物は常に変化流転するとみなし、生成発展は「自然の理法」であると考えていた。順応の具体的方法は、長期的には変化しないほうがおかしいのだ。「成長、発展のテンポというものには、その時々で違いはあろうけれども、この人間の共同生活は限りなく生成発展していくものだということになれば、それに応じた物資なりサービスなりの供給も時とともに増加させていくことが求められてくる。そうでなくては生成発展にならない。だから企業経営としても、原則としては次々と新たな開発、新たな投資を行なっていくことが必要になってくるわけである」[43]

幸之助は一九七二年五月に発表した「新しい人間観の提唱」の冒頭で、「宇宙に存在するすべてのものは、つねに生成し、たえず発展する。万物は日に新たであり、生成発展は自然の理法である」[44]と述べている。なお、一九五一年九月に発表した「人間宣言」[45]の冒頭部分も、

「日に新た」の個所が「日々に新た」と表現されている以外は基本的に同じである。「生成発展は自然の理法である」という認識を、幸之助が一貫して持ち続けていたことを示している。

ただ、変化が必要であるとはいっても、小さな人知にとらわれて奇策に走るのではなく、人知を超えた「自然の理法」にあくまで従うという謙虚な姿勢が求められている。幸之助は、そのためには「素直な心」であることに努め、思い込みや私利私欲にとらわれず、視野を広げ、物事の本質を見極めるべきだとした。

「経営というのは、天地自然の理に従い、世間、大衆の声を聞き、社内の衆知を集めて、なすべきことを行なっていけば、必ず成功するものである。その意味では必ずしもむずかしいことではない。しかし、そういうことができるためには、経営者に素直な心がなくてはならない。

天地自然の理に従うとは、雨が降れば傘をさすというようなものだと述べた。雨が降れば、ごく自然に傘をさす、それが素直な心なのである。それを意地を張って傘をささないということは、心が何かにとらわれているからである。それでは雨にぬれてしまう。経営はうまくいかない。

世間、大衆の声に、また部下の言葉に謙虚に耳を傾ける。それができるのが素直な心である。それを自分が正しいのだ、自分のほうが偉いのだということにとらわれると、人の言葉が耳に入らない。衆知が集まらない。いきおい自分一人の小さな知恵だけで経営を行うようになってしまう。これまた失敗に結びつきやすい。

素直な心になれば、物事の実相が見える。それにもとづいて、何をなすべきか、何をなさざるべきかということも分かってくる。なすべきを行い、なすべからざるを行わない真実の勇気もそこから湧いてくる」[46]

ここで「素直な心になれば、物事の実相が見える」とは、「自然の理法」も認識できるということである。

「天地自然の理法はどこにあるかということは、各人各人のしみ出るような体験からつかめるともいえますが、それだけでなく素直な心を培養するという心がけでものを見ていけば、天地自然の理法というものも分かってきて、その人の動くところすべて理に適した動き方をするようになると思います。学問にとらわれず、知識にとらわれず、権力にとらわれず、地位を利用するような動きもしなくなる。すべて自然の理のままに、正しい行いがだんだん高まっていくということになると思います」[47]

経営は「本来」成功するようにできているのに、「現実」にそうならないのは、結局のところ人間が「素直な心」を持っていないからだというのが、幸之助の見方だ。経営の基本は「人知」を過信することではなく、「素直な心」で「自然の理法」に従うことだという幸之助の考え方から理解できよう。しかし、人間誰しも「素直な心」にはなかなかなれないものだ。幸之助自身もそうだった。それゆえ幸之助は、「素直な心」の大切さを、晩年まで熱心に説き続けたのである。

第2章

「不健康またけっこう」——病と幸之助

朝の体操の様子（1975年、三重県鳥羽市内の保養所にて）

一　なぜ「病」に注目するのか

松下幸之助は、若い頃から肺尖カタル（肺結核の初期症状）を患ったりするなど、体が弱かった。しかし幸之助によると、自身の体が弱いことは何も悪いことばかりでなく、むしろそれを素直に受け入れるところから道はひらかれるという。

たとえば、健康でないのだから経営者としての活動をすべてにわたって一人ではこなせない。その結果、第一に、社の重要な仕事も、不安ではありつつ、部下に任せるようにした。すると部下は、任されることでやる気がわき、積極的にその任務達成に向けて努力するようになって、いつのまにか大きく成長していったという。

第二に幸之助は、経営人材を育成するシステムを、意図せざる結果ではあったものの、構築することができた。松下電器が発展して組織が拡大すると事業部制を採用して、製品グループ別の事業部の経営を、各事業部長に担ってもらった。端的に言えば、大きくなった事業体を中小企業規模の事業部に分割することで、組織の柔軟性を保持することに加え、経営の責任を明確にし、経営人材の育成にもつなげたのである。事業部制にもとづく松下電器の自主責任経営のルーツは、やや誇張して表現すれば、創業者の幸之助が病弱であったことによるともいえよう。

ただ、幸之助の病の経験は、こうした経営上の話にとどまらず、前章で説明した幸之助自身の宇宙観や人間観の発想の背景にもあるのではないかと筆者は考える。幸之助は学校教育をほとんど受けないまま商売の道に進んだ人であり、学問としての哲学や思想について本格的に学んだわけではない。読書の習慣などから得られる知的世界の影響を受けた可能性は高くないだろう。すなわちＰＨＰ研究を通して深めた宇宙観や人間観には、幸之助みずから主体的に構想した面があるのではないかと推察される。

幸之助の宇宙観や人間観については、従来はどちらかといえば、幸之助が他者の教えや思想から何らかの影響を受けたのではないかという議論が多かったように思われる。小学校すら出ていない企業経営者が、まともに自分で思想を構築できるはずもないという見方もあったのかもしれない。しかし、死の可能性も考えざるをえないような病を患えば、人生の意義とは何か、運命はあるのか、人間とは何か――といったことに真剣に思い悩みつつ、あるいはその悩みを解消するため宗教などに教えを求めつつ、自分なりの見方や考え方を築いていったのではないかと考えるのが自然である。

本章では、幸之助が若き頃から悩まされた病（あるいは心身の不調）、特に肺尖カタルおよび不眠の症状や治療について概観したうえで、幸之助の病の経験が彼自身の思考形成と分かちがたく結びついていた可能性を論じる。具体的には、前章で考察した「自然の理法に順応すること」、そして「物心一如の真の繁栄」といった、幸之助がよく用いた概念との関係を考察してみたい。

二　肺尖カタル――死の不安とその克服

■「長生きできるとは思いもよらなかった」

幸之助の自叙伝『私の行き方 考え方――わが半生の記録』のＰＨＰ文庫版は、「文庫版発刊にあたって」という見出しで、次の文章から始まる。

「私は、今年の十一月二十七日で満九十二歳になる。生来、どちらかといえば蒲柳の質で、若い頃、肺尖カタルを患い、医者から、とても五十歳まではもつまい、と言われていた。だから、これほどまでに長生きできるとは思いもよらなかったことで、まことにありがたいことと言うほかはない」[1]

一九八六年七月、幸之助の亡くなる三年ほど前の文章である。九〇年を超える長い人生を振り返り、実業界での成功ではなく、肺尖カタルの話から始めたということは、それだけこの病の経験が幸之助の記憶に深く刻み込まれていたことを物語っている。

なお、本章では以降、幸之助の肺尖カタルについて、特にその病名を強調しないかぎり、初期症状ではあるものの便宜上、「結核」と記す。[2]

■肺尖カタルの発症、結婚、独立

幸之助の著作『仕事の夢 暮しの夢』の記述によれば、[3] 大阪電燈に勤務していた一八歳の頃、浜寺（大阪府堺市）での海水浴からの帰り、血痰を吐いた。兄ふたりと姉ひとりが結核で亡くなっていたので、かねてから恐れていたところ、ついに自分もかかってしまったのだと思ったそうだ。医者は肺尖カタルと診断し、帰郷してしばらく養生しろという。しかし先述したように、両親がすでに亡くなっており、幸之助に帰るところはない。幸之助は大阪電燈の日給制の職工だったので、生活するには長期休暇をとるわけにもいかず、三日ほど勤務しては一日休むというかたちで仕事を続けたという。

死を覚悟した。しかしどういうわけか、病状が悪化しない。一年少したつと、勤務を休む日数も次第に減ってきた。その一方で、「養生するには嫁が必要だ」と日頃から姉に言われており、二〇歳のときに一九歳の井植むめのと結婚する。結婚前に、結核のことは、むめのに話さなかったという。

幸之助はその頃、自分の健康状態を考え、出勤しないと給与を得ることのできない日給の仕事を続けるのは不安であるとの理由から、大阪電燈を辞めて独立したいという思いを強くする。[4]そして、結婚の約二年後に実際、独立して事業を立ち上げる。「不健康またけっこうなり」[5]という幸之助の言葉は主に、仕事を他人に任せることの効用という文脈で用いられることが多いが、一方で、大きな病気にでもかからなければ、むめのとの結婚も事業の独立もなく、のちの成功はありえなかったという意味も示唆している。

以上が、『私の行き方 考え方』文庫版の冒頭で「若い頃、肺尖カタルを患い」と幸之助が述べた「若い頃」の生活と、その後の変化についてのあらましである。

■どのような治療を受けたのか

肺尖カタルにかかった大正期の前半、幸之助がどの医者からどのような治療を受けていたのか、正確な事実は定かでない。『仕事の夢 暮しの夢』には、「薬といっても、その時分は注射なんていうものもあまりなかったころで、もちろんストマイなどというような特効薬もない。普通の街医者のきまった薬しかのまないわけだ」[6]と書かれている。この記述によれば、近くの診療所に通い、注射は打たず、与えられた薬を飲んでいたようだ。ところが、一九七九年に実施された上坂冬子のインタビューに対しては、次のように語っている。

「その時分に、体が熱うなるカルシウム注射がありました。血管に入れると体がホカッとしますわな。ああ、薬が効いたから、もうだいじょうぶや、ちゅうようなもんですわ。結婚して七年目に子どもができて、商売も多少うまくいくようになって、やれやれというとこで、結核の専門病院に通い始めたんやけど、そのころやったなあ。淡輪の駅からおりたところで、三回ほど血ィ吐きました」[7]

このインタビューでは、注射を打っていたと述べている。『仕事の夢 暮しの夢』の内容と矛盾しているが、「その時分」と双方の引用に記されている時期がそれぞれ異なるらしい。上坂のインタビューにおける「その時分」とは、事業が軌道に乗り始めて多少の経済的余裕ができて以降のことかと思われる。『私の行き方 考え方』にも同様の記述がみられる。

「私は大正十一年事業がやや緒につき、五十人の従業員を擁するようになり、はじめて二百坪の工場を建設した大開町一丁目に移った（中略）。

いま記憶をたどると、当時私は肺尖をわずらい病弱の身を養いつつ経営していたので、そのころ同町の木庭医師のもとに通っていた。そうしてカルシウム注射を相当長い期間続けていたのである」[8]

「木庭医師」とは、町医者の木庭永助を指す。[9] カルシウム注射は、木庭のもとに通うようになってから始めたと思われる。結核の治療薬がなかった頃は、カルシウム注射を打つことが一般的な対処法だったようだ。

ところで、幸之助自身は、肺尖カタルにかかってから一年強で症状が落ち着いてきたと『仕事の夢 暮しの夢』では述べているにもかかわらず、なぜまたその数年後に大開町でカルシウム注射を打つようになったのか、その経緯が不明である。考えられるのは、結核の再発だ。後年、松下政経塾で次のように語っている。

「大正の十二、三年頃のことです。きのう若い時に肺病になったという話をしたでしょう。それがまた、商売を始めてから六、七年たって再発したのです。その時は、もう三、四十人の従業員もいて、商売もうまくいっていました。

だから、肺がまた悪くなっても、今度は入院する金もある。大阪の近くの堺からすぐ南に下った淡輪というところがありますが、当時、その淡輪の海岸沿いに肺病専門の病院があったわけです。そこで、そこに入院しようと思って、単身南海電車に乗って、診察を受けにいった。（中略）

そうして、三カ月そこへ入院していたわけです」[10]

先に紹介した『私の行き方 考え方』からの引用によると、社員が五〇名ほどになっていた一九二二年頃、木庭医師にカルシウム注射を打ってもらっていた。しかし今の引用では、三〇〜四〇名ほどの社員のいた一九二三年あるいは一九二四年に、淡輪の肺病専門病院に三カ月入院したとある。なお、先の上坂冬子のインタビューでは、入院したときは社員が二〇〜三〇名だったと述べており、さらに社員数が少ない。

当時の従業員数については記憶違いがあるかもしれないが、年号については幸之助の記憶に従うと、結核が再発して入院する前に、カルシウム注射を打っていたことになる。三年ほど続けたそうだ。[11] しかし結局は、再発して入院したとのことである。幸之助が砲弾型電池式自転車ランプを考案して大ヒットしたのが一九二三年のことであり、長期入院するだけの経済的余裕ができたのではないかと推察される。

幸之助はその後、四〇代のとき、肺から空気の漏れる自然気胸を患ったという。一九三七年か三八年頃に京都府立大病院に入院しているので、その頃のことなのだろう。命にかかわる可能性があり、二カ月ほど入院した。当時の主治医で、のちに松下病院の院長になる橋本徳治郎は、五〇歳までもたないかもしれないと思ったという。けれども幸之助によると、結核での病弱状態が続いたのは、一九三九年か、（松下病院を建てた）一九四〇年頃までとのことである。[12] しかし一九七〇年頃、まだレントゲンに影が「残っています」[13] と発言しているので、完治したということはなかったようだ。以上が幸之助の受けた結核の治療のあらましである。

三　生涯の悩みとなった不眠症

■独立による精神的重圧が原因か

若い頃から幸之助を悩ませた問題として、結核のほか、不眠症があった。結核は一応、戦前に症状が治まったことになっているが、不眠の悩みは生涯、幸之助に付きまとった。戦前の睡眠時間は三時間半、戦後は睡眠薬を飲んで四時間程度だったという。[14]

いつから幸之助は不眠に悩まされるようになったのか。「生まれつき」と何度か述べているものの、具体的に問われると、「商売しだしてまもなく」[15]「商売した当時から」[16]と回答している。つまり、松下電器を創立した一九一八年、二三歳のとき以降であることが事実のようだ。ほかにも、「私は満二十三歳の年に商売を始めたのですが、一日に三時間半ぐらいしか寝ませんでした」[17]「私は満二十三歳の年に自分で商売を始めたが、その頃でも一日三時間半ぐらいしか眠らなかった」[18]と語っていることから、その点が裏づけられる。

したがって、「生まれつき」というよりはむしろ、独立したことによる社会的立場や環境の激変で、幸之助に精神的負荷が重くかかったことが不眠の主たる原因かと思われる。あるいは、「生まれつき」とするのであれば、幸之助本人のいう「神経質」な性格が、独立により、睡眠を妨げるほどに増幅したのであろう。そのことについて、創業時から幸之助を知る義弟の井植歳男がこんな証言をしている。

「わしは若いときの松下を秀才とも英才とも思わなんだ。だが、仕事に対する熱意はすごいもんだった。昔はめしを食うても仕事のことばかり考えておるので、なにを食ったか、どんな味がしたのか知らんのですよ。体は非常に弱く、よく病気をしたし、あまり考えるので強度の不眠症にもなった。血圧もべらぼうに高かった[19]」

井植の証言が事実とすれば、若き幸之助の頭は仕事のことでいっぱいで、神経の高ぶりを夜になっても抑えることができなかった。戦前においてはそれでも、睡眠薬を服用することはなく、飲み始めたのは、戦後になってからのことだという[20]。

■ゆるかった当時の薬の販売規制

幸之助は戦後に睡眠薬を飲み始めた理由について、「敗戦後の困難な状況に直面し、その困難な状況をどのようにすれば切りぬけていくことができるのかということで、四六時中頭をつかい、心も張りつめていた[21]」からだと述べている。「困難な状況」とは、公職追放をはじめＧＨＱ（連合国軍最高司令官総司令部）により種々の制限を受けたことや、経営上の危機を指しているのだろう。

この頃の睡眠薬は、睡眠作用にすぐれてはいたが耐性や依存性の強い「バルビツール酸系」が主流だった。幸之助の当時の医師が、そのような睡眠薬を処方していたかどうかは、不明である。あるいは、本人の発言とは異なり、当時はまだ、睡眠薬を常用していなかった可能性もある。というのも、幸之助が一九五一年に初めて渡米した際、飲酒により不眠に対処しようとしていたと、同行者の一人がのちに回顧しているからである。[22]睡眠薬を携行していたならば、寝酒の必要もなかったはずだ（睡眠薬を飲んでも眠れないから飲酒をするといった危険なことはさすがにしなかったのではないか）。時差があり、しかも生活の慣れない海外に睡眠薬を持って行かなかったというのは、この頃まだ、日常的には服用していなかったことを示唆している。

「睡眠薬を飲んだ」とはっきり記されているのは、幸之助が一九六一年に会長に退いたばかりの頃、幸之助の生活を日記風に追った『週刊文春』の記事だ。そのうち、九月五日の記録に注目したい。

「この日は朝八時半、松下病院（付属病院）で、健康診断を受けた。毎週必ず実施される。（中略）

松下さんの身体を三十年間診ている橋本院長はいう。

『大変に病弱な身体なんですが、その病弱が無病息災を生んでいるのでしょう……』

ただ、会長の持病？　に不眠症というのがある。一時は睡眠薬を飲んだりしたが、全然効果がない。

昼間、あんまり頭脳を酷使し過ぎるのと、夜寝ながらメモと鉛筆を持って、ものを考える癖がこうさせたのだそうだ。

はたして、社宅のベッドの枕元には、メモ用紙と五、六本の鉛筆があった。（中略）

その他に、エビオスの大壜一コ、太田胃酸一缶、アトラキシン一箱、ローヤルゼリー内服薬大箱一コ、蜂蜜一壜、栄太楼の梅干飴一缶、ビタオール大箱一コ、体温計、爪切り、手鏡……などが、キチンと並べて置かれている[23]」

ここに列挙してある薬やサプリメントは当時すべて、医師の処方箋なしに、薬局で購入できたものだと思われる。「エビオス」と「太田胃酸」は現在でもよく知られる胃腸薬。ローヤルゼリーは、一九五八年に初めてフランスから輸入されたのをきっかけに、当時は不老長寿の薬と騒がれていた[24]。

注目すべきは、「アトラキシン一箱」である。「アトラキシン」は、向精神薬の一種であるトランキライザー、つまり精神安定剤である[25]。「睡眠薬」とは全面的にうたっていないものの、神経の高ぶっている人には、夜に飲むと、睡眠を促す効果があるとしている。したがって、睡眠導入剤の一種とみなしてもよい。右の引用では「一時は睡眠薬を飲んだりしたが、全然効果がない」という記述があり、それが幸之助本人か松下病院の橋本徳治郎院長のどちらの発言によるのか判断がつきかねるが、「アトラキシン」が枕元にあるということは、幸之助がそれを常用していた可能性が高い。

このことから一つ推測できるのは、市販の薬が数多く枕元にあるように、睡眠薬の入手についても、医師の処方によるのではなく、幸之助が独自に市販の薬を購入し、常用し始めたのではないか、ということである。

日本では一九四八年に、「平和の眠り」という宣伝コピーで、塩野義製薬の「アドルム」が人気を集め、睡眠薬の代名詞ともなった。[26] しかしその後、作家の坂口安吾が乱用で中毒となり、東京の女子高生が多量の服用により相次いで自殺するなど、「アドルム」は社会問題化した。[27] このように比較的強い睡眠薬でも、当時は薬局で購入できたのである。

また、一九五〇年代から大衆薬市場が急拡大したが、副作用が社会問題化する一九六〇年代前半まで、医薬品の販売に関する規制は相変わらずゆるかった。トランキライザーのみならず抗生物質なども市販していたのである。[28] 特に一九五〇年代後半は、「ノイローゼ」「ストレス」といった言葉が流行し[29]、精神面での健康に対する関心が国民的に高まった。幸之助が服用していたと思しき「アトラキシン」は、第一製薬がそのような時代を背景に発売したトランキライザーである。宣伝広告では「精神神経安定剤」と称し、従来の「催眠・鎮静剤」とは異なって、安全性の高いことを強調している。[30] したがって、成人男性のみならず、受験生や家庭の主婦、さらには「催眠・鎮静剤」の常用癖がある人にまで、服用を勧めている。

しかし、そのトランキライザーも、一九六〇年代半ばには、依存性や乱用が国内だけではなく国際的にも問題となり、一九七〇年代前半に、市販が全面規制されるにいたる。[31] その頃には幸之助は、市販ではなく、医師の処方した睡眠薬を飲んでいたようだ。というのも、一九七〇年のインタビューで、服用している睡眠薬名を問われた際、「それは分からんのですけれどもね。お医者さん任せで[32]」と回答しているからだ。ちなみに、一九七六年に幸之助の主治医となった横尾定美（さだよし）は、幸之助の睡眠薬が「ネルボン、ベンザリン、ハルシオンなど[33]」であったことを明らかにしている。

四　病の経験がもたらした確信

PHP研究で示された「健康の原理」

以上、幸之助の結核と不眠症について、その推定される要因や実際の治療をみてきたが、幸之助自身はそうした自身の病についてどのように受け止めていたのだろうか。そもそも病死の多い家族的背景や、治療や薬の接種などに積極的なことを考えると、かなりの不安感を抱いていたのではないかと推察される。しかし幸之助は病について、公にした文章や発言のうえではむしろ、ポジティブな見方を示していることが多い。まずその具体例として、『PHPのことば』に収録の「健康の原理」（一九五〇年一一月発表）をみてみよう。

「人はみな本来健康なものであります。病気は、自然の理法にたがうところから起こってまいります。

健康を保つ方法は人によって異なります。人おのおのに与えられた資性に従って生活の道を守れば、弱い人は弱い人なりに健康を楽しむことができます。

お互いに自然の理法を知ることにつとめ、自分の強さに応じた生活を営まなければなりません。それによって健康が保たれ、繁栄の道が開かれます」[34]

人間は「本来」健康が与えられているはずなのに病気になるのは、「自然の理法」に従っていないことに起因するという。それでは、病弱である幸之助の生活の仕方は「自然の理法」に反していることになるのだろうか。

興味深いことに、幸之助は「病弱」の反対語を「健康」とせず、「頑強」とした。「頑強」については先天的強弱度があるとし[35]、この強弱度を自己認識し、それに応じた生活を送ることで、「健康」が維持されるという。つまり、体質は人それぞれ違うのであって、その体質に即した生活を送ることが「自然の理法」に順応しているという論理だ。

この健康観はまさに、前章で紹介した幸之助の運命観そのものである。自身の肺尖カタルについては、肺病の多い家族だったので、当初死の不安があったとはいえ、結局は蒲柳の質であることを運命と認識して、受け入れることになったと思われる。その運命に抗うことをしなかったからこそ、独立して松下電器を創業し、自分一人ではなく社員の力を生かす経営(衆知を集めた全員経営)、そしてそのための組織として事業部制を実現できたのだという。「健康の原理」の最後で、「繁栄の道が開かれます」と強調しているのは、そうした経営面での自身の成功体験を反映しているのだろう。なお、不眠症については、気にやむことをせず「素直に承認[36]」し、「これはこれで私にふさわしい[37]」と考えるようにしたという。こうした病に対する「無理をしない」「素直に受け入れる」といった姿勢は、幸之助の考え方に従えば、

「自然の理法に順応する」ことを意味する。「健康の原理」は戦後のPHP研究の中で発表されたものであるため、幸之助が元来持っていた「自然の理法」に対する見方を適用したにすぎないとも考えられる。戦前においてすでに、天地自然の理を重視する「順応同化の精神」を「七精神」の一つとして掲げていたからだ。

しかしそもそも「順応同化の精神」の背景には、前章でもみたように、幸之助が自身の運や運命について真剣に考えた現実の経験があったのではないかと考えられる。心身の不調もその一つである。たとえばもし幸之助が（あるいはその家族も）心身ともに頑強であったならば、「自然の理法」に順応する生き方や経営を主張した可能性は低かったのではなかろうか。

■「物心一如の治療方法」――心と肉体にそれぞれ働く「力」

幸之助は戦前から、心のあり方と身体の健康についての関係に大きな関心を抱いていた。次章で詳述するように、戦前に流行した「生長の家」の教えが背景の一つにある。生長の家の創始者である谷口雅春が「肉体は心の影である」、すなわち肉体が健康である、あるいは病気である、といった認識は心の反映であると唱えた。幸之助は戦前の一九三九年二月二一日、結核の症状が治まったと思われる頃、社員への講話で、次のように述べている。

「客年来（かくねん）、とかく健康不十分で毎日出社できず、はなはだ遺憾であったが、近ごろは体の調子もすこぶるよくなり、これからはひとつ大いにやろうと張り切っている次第である。従来自分の体は頑健なほうではなく、したがって意識的にも健康体なりとの自信ももてず、人に向かって『どうもぼくは体が弱いほうで』というようなことをもらしたものであるが、近ごろこれは大きな間違いであると気がついた。なるほど人の体質にはそれぞれ強弱のあるのは事実であるが、まず自分自身で弱いのだと決めてしまう必要はない。昔から『健全なる精神は健康なる体に宿る』といわれているが、その逆に、健全なりという自信が健康体をつくる例もすこぶる多いのである」[38]

戦時体制という時代背景のもと、肉体の健康と精神の強さを強調するのはありふれているとみることもできるのだが、[39]心がなかなか落ち着かなくて眠れないことの多い幸之助が、心の状態の身体に対する影響を直観的に理解していたことを示唆している。

とはいえ、幸之助は生長の家のように、人間の実相には物質（肉体）がなく、したがって肉体的病なるものは存在しないといった極端な考えを持っていたわけではない。肺の病は、家族の多くも患っているので、幸之助にとっては「心の影」どころか、肉体の病以外の何物でもないのであった。だから、治療のためには、薬の接種をいとわない。

一九五〇年に「健康の原理」を発表した頃、病気治しを強調する新宗教の拡大が目立ち、たとえば呪術による霊の浄化とそれによる病気治しを強調した「世界救世教」が教勢を伸ばしていた。この教団の教えも、幸之助の考えと似ている面があって、自然の摂理のもとでの健康の本来性を強調している。

ただ、農薬を用いない農業・食の重要性を唱え、化学物質である薬の摂取には消極的だ。心身霊の調和した人間の自然性を損なうからだという。このように幸之助は、人間は本来健康であると、表面上は「生長の家」や「世界救世教」などの宗教と似通った主張をしたものの、薬のことになると、見解は相違した。実際、こうした宗教の教えを「迷信」だと切り捨てている。

「近ごろこれらの宗教では信仰の力で病気を癒すということを盛んに言っております。医者も薬も要らない、ただ何々の神さまを信仰すればよい、心の働きで肉体の病気は癒るというのであります。(中略)

しかしながら、ここまでくればもう明らかに迷信だと思います。たしかに心の働きというものは、肉体に大きな作用をします。そのことは間違いないのでありますが、一面、物もまた肉体に大きな作用をするのであります。心の力と物の力と、この二つの作用を同時に見なければならないのであって、それを一つの力だけで癒そうとすることは、決して完全な治療方法だとは言えないのであります。従って、私たちは、心の安定も求めなければなりませんが、同時に肉体の科学的な治療も受けなければならない、すなわち物心一如の治療方法をとらなければならないのであります。宇宙根源の力は、心の働きを与えていますが、同時に物をも与えているのであります。すなわち、医薬もまた宇宙根源の力から与えられた天地の恵みなのであります。でありますから、医薬の力を借りることは、決して神さまを冒瀆することにはならないのであります。むしろ一方に片寄る方が、天地の恵みを素直に受けていない姿だと言えるのであります」[40]

幸之助は、宗教団体が強調するように心のあり方が肉体に作用することを認めつつ、それは半面の真理であって、肉体の健全化には同時に科学的な（つまり物質的な）治療も必要であることを主張している。「物心一如の治療方法」である。そのうえで、宇宙根源の力は心だけでなく物にも働きを与えているとし、物である薬もまた「宇宙根源の力から与えられた天地の恵み」であると述べている。心に偏ることこそ、「自然の理法」に順応していないというのだ。

▒「物」としての薬が「心」の支えに

この論理は一見、奇妙に思えるものの、幸之助が結核にかかっていた頃、薬は自身にとってまさに生の実感を与えるものだった。とりわけ「カルシウム注射」の経験がそれを伝えている。たとえば、先に引用した一九七九年の上坂冬子のインタビューでは、カルシウムを「血管に入れると体がホカッとしますわな。ああ、薬が効いたから、もうだいじょうぶや、ちゅうようなもんですわ」と発言している。また、一九七六年の別の対談でも、カルシウム注射について次のように語っていた。

「あれをやってもらうとね、いかにも効くように思うたんですよ。手の血が熱うなりますやろう。効くんやなと。お医者もね、これが今のとこではこれが一番ええと。何でええんですかと、先生に尋ねたらね、だんだんカルシウムがね、患部を取り巻いて固めてしまうと。(中略)かなり熱くなるんですよ、カルシウムは。効くんやなと思うて、そういうことが一つの心の支えですな。だからね、その時分はね、そうですな、カルシウムを、おそらく二、三年続いたですもんな。千本近うやってるもんな、商売してから」[41]

カルシウムを注射して身体の熱さを感じるそのときが、幸之助の「心の支え」だった。そして、医学的にも効果があると信じたのである。その証拠に、この発言に誇張や間違いがなければ、三年間で一〇〇〇本近くもカルシウム注射を打っている。つまり、ほぼ毎日、カルシウムを身体に注入していたことになる。毎日打つというのがそれほど誇張ではないらしいことは、アシックスの創業者である鬼塚喜八郎も、かつて結核にかかりカルシウム注射を毎日打ったと述べていることからもうかがえる。

「結婚して半年後の昭和二十七年春、出張先の広島で突然喀血した。急いで神戸に戻り、医者にみせると『肺結核が進行中で絶対安静、即入院を要す』。（中略）
当時は結核のいい治療薬がなく、毎日カルシウム剤を血管注射する程度。そのうち血管がつぶれて腕にできなくなり、手の甲に注射するようになった」[42]

幸之助が一〇〇〇本もカルシウム注射を打っていたことが事実であれば、「物心一如の治療」どころか「物質偏重の治療」とみることもできる。その注射によって「心の支え」があったという意味で、幸之助本人にとっては「物心一如の治療」だったのであったのだろうか。

また、幸之助が会長に退いた一九六一年、枕元に数多くあった市販薬も、同様に解釈できる。胃腸薬程度ならありふれているが、のちに販売禁止になった精神安定剤の「アトラキシン」や、当時は不老長寿をもたらすといわれたローヤルゼリーのサプリメント（？）までそろえていた。

もっとも、市販薬の入手にあたって、幸之助がみずから購入していたかどうかはわからない。朝鮮人参などはもらうこともあると発言している。[43]ローヤルゼリーも贈答品である可能性は否定できない。しかし、「アトラキシン」のような精神安定剤まで贈答品とは一般に考えづらい。

薬を入手するのに、医師に相談して処方箋を書いてもらうという方法に抵抗感を覚えていたという可能性は、ゼロではない。たとえば、のちに幸之助の主治医となった横尾定美は当初、副作用を考え、幸之助に睡眠薬を出すことに消極的だった。そうしたところ、幸之助は怒り出し、「自分は今日まで二十年以上睡眠薬を飲んできている。薬が効かなくならないよう、何種類かを交代で飲むよう処方をしてくれ[44]」と横尾に指示したという。かつての「アトラキシン」のように処方箋不要で入手可能なら、幸之助にとってこのような不都合な事態に直面する心配もなかったのである。

■わが身をもって確信を得た「物心一如」の理

幸之助は一九七〇年のインタビューで、「私は三十五か四十まで生きられればよっぽどいい、と思ったんですよ、最初はね。それが四十歳になっても死なないし、五十歳になっても死なないし、ついに七十五歳まで生きたですからね[45]」と語っている。

思ったよりもはるかに長生きできたということは、見方を変えると、ずっと健康に不安を覚えていたことでもある。薬に頼る気持ちがわからないでもない。「物」である薬によって生命が維持され、また薬を摂取することで「心」が安定し、その「心」の安定化が肉体的健康にもプラスの影響を与えるという意味で、「物心一如の治療」という考え方に行き着いたのではないかと想像される。

幸之助が頻繁に「物心一如」という表現を用いていたのはむろん、一九三二年に闡明した「産業人の真の使命」や、あるいは戦後のＰＨＰ研究にみられるように、物と心の双方の繁栄が大事であるということだが、幸之助は単純に「双方」であること以上に、物と心が「不可分」の関係にあると信じていた。

幸之助はもともと物質と精神の二元論を支持せず、いやむしろ、あまり理解することができず、たとえば「自然科学」と「精神科学」（人文科学と社会科学の総称）の区別さえ、よく理解できなかった。[46] それはそういう学問的分類を自明とみる近代学校教育をほとんど受けていないことに加え、みずからの病の経験を通じて、心と肉体は別のものではなく、相互作用あるいは一体化していることを当然視していたからだと推察される。

すべてが「自然の理法」を通じた「宇宙根源の力」の働きに帰するという一元論こそ、幸之助にとってしっくりとくるものであった。それは、他者から何か学んだというよりも、みずからの心身で感じていたことによる絶対的な確信であったと思われるのである。

第3章

宗教的背景を探る
——「生長の家」のケースを手がかりに

石川芳次郎邸にてPHP対談会の様子（1947年）

一 谷口雅春と生長の家という存在

■学校教育以外から学び得たもの

前章では、松下幸之助の心身における病の経験が、「自然の理法」や「物心一如」などの概念の形成あるいはその働きの確信と関係している可能性を考察した。しかし、たんに経験を重ねるだけでは漠たる感覚や観念にしかならず、経験を意味あるものとして受け止めたり生かしたりするには、明確に言語化された認識のフレームワークが必要である。

幸之助の場合、学校教育を受けたのは小学校の四年弱、それ以外は一八歳のときに働きながら関西商工学校予科に通ったぐらいなので、学校外から多くのことを学び、そうしたフレームワークを構築していったのだろう。とりわけ、人知を超えた存在である「宇宙根源の力」や「自然の理法」を中心とする世界観を構築したことからみて、何らかの宗教の影響があったと思われる。

本章では、そんな宗教のなかでも、生長の家を一つのケースとして取り上げてみたい。幸之助の宗教的背景については自身もあまり語っていないのでよくわからないのだが、生長の家については、戦前からその関係者と深いつながりがあったからだ。戦後の人間観や宇宙観の形成の背景の一つであった可能性は否定できない。

生長の家は、現在は宗教法人であるが、幸之助が初めて知った戦前の頃は、「宗教団体」ではなく「教化団体」と称していた。「誌友」(生長の家の発行する雑誌の購読者)から成る、創始者・谷口雅春(一八九三〜一九八五)のファンクラブのようなものだったとみられる。

■身近な教団だった生長の家

さて、そもそも幸之助はなぜ、生長の家に関心を持ったのか。幸之助の生長の家に対する関心の強さを裏づける発言がある。一九四九年開催の「PHP定例研究講座[1]」の中から二つ紹介しよう。

「最近提唱されております〝生長の家〟の話を聞きますると、病気というものは、本来ないものだ、それがあるというのは心の迷いである。自分の心で自分の病気を作り出しているんだ。だから病気になるのであって、病気というものは本来ないものだということをはっきり意識しておれば、病気というものはなくなるんだ、というように叫ばれているのであります。果たしてそこまで言ってよいかどうか多少考えるべき余地があるように思いますが、そういうことを一つの団体で言うておりますし、またわれわれの通念と致しましてもある程度は精神の働きによって病気というものをなくすることもできるんだ、というようなこともある程

度真実性があると思います」(四月二三日)

「生長の家なんか聞きますと、肉体なんてありません。肉体というのは心の影だ。だから病気なんてないと言うて押し切って、それで病気を治している。奇想天外ですが、それを信じて病気が治ったということもあります。それによって病気がなくなったというような現象もあるのですよ。私も非常に不思議だと思うのです。そういうような精神の状態を一応信ずるという今、私は極端に言えば迷信を迷信でなく信ずるような精神の働きというものが心の法則のうちにたくさん含まれているんじゃないか。それを克明に分析していかないかん」(七月二三日)

幸之助はまた、一九四八年一月、始めてまだ一年強のPHP運動について、「だいたいまあ一カ年、本年の末から来年の初めにかけて、国民に光明(こうみょう)思想を与える。再来年には具体案をつくる。一歩一歩具体的に緒につくというのが私の方針です」[2]と述べており、谷口雅春が強調した「光明思想」という表現を使っている。さらにPHP研究所には、一九三五年に光明思想普及会から出版された谷口雅春著『生命の實相』の全集(黒布表紙)版および同年同会発行の『生命の實相』の「空の巻(縮刷豪華版)」が所蔵されているが、PHP研究所の初期の研究員宛てで「御寄贈」の印があり、生長の家の関係者から寄贈されたものと思われるほか、一九四〇年代後半から五〇年代初めのPHP研究初期の頃における速記録の一部に、生長の家の原稿用紙が用いられている。

このように幸之助にとって、生長の家はある意味、身近な教団であった。ジャーナリストの下村満子によるインタビュー集『松下幸之助「根源」を語る』において、幸之助は自著『人間を考える』で表明した人間観をどのように育んだのか質問を受けた際、宗教をはじめ、いろいろなところに話を聞きに行くうちに、「自分でそういうことが浮かんできたんですな」と答えている。[3]具体的な宗教名については、「キリスト教とか、あるいはまた仏教とか、天理教とか」と発言しているのだが、もともとのインタビューでは第一章でも触れたように、幸之助はモラロジーのほかに生長の家もあげていた。訪問したことがすでに広く知られていた天理教を除いては、編集段階で具体的な団体名を削除したのだろう。

もっとも、このインタビュー集が出版される前の一九八〇年に、生長の家の機関誌『精神科学』で、幸之助が「私も、谷口先生のお話をこれまでに三、四回、聞かせていただいたことがあるのですが、その際にお聞きしたことは、今日まで、陰に陽に参考になっているという気がする」と述べており、[4]谷口雅春との関係については公表している。

以上のように幸之助にとって生長の家が比較的身近な存在だったのは、これから紹介する先輩実業家の石川芳次郎と、その妻・貞子との交流が大きかったと考えられる。以下本章ではまず、戦前から戦後まで続く石川家と幸之助の関係を記述し、そのうえで、生長の家の教えが幸之助に与えた影響の可能性について考察する。

二　先輩実業家・石川芳次郎との親交

■『生命の實相』を幸之助に勧めた人物は誰か

幸之助が生長の家とどのようにして出合ったのか、明らかではない。ただ、生長の家が『生命の實相』を全国紙などで派手に宣伝し、知名度を一気に高めた一九三五年よりも前の、初期の頃からすでに知っていたようである。

生長の家で大阪教区教化部長や神奈川教区教化部長などを歴任した河田亮太郎（一九〇七～一九九五）によると、一九三三年頃、『生命の實相』の〝愛読者〟である幸之助に依頼され、松下電器の工場で従業員を相手に三回ほど講話をしたという。その際、「吾々は全身全霊で一つの行為を満たす時、そこに誠が発現するのであります。誠とは完心、即ち完たき心、これが全力が満ち溢れて欠けぬ心であります。……全力が一つのことに満ち尽くして欠けぬときは、そこに神の無限力が発揮されて、失敗というものがないのであって、これが成功の極意であります」と演説したところ、幸之助が手をたたいて喜び、「本当にあんたの言われる通りや！　谷口雅春先生って偉い人だねえ！」「僕の思いと谷口雅春先生が言われることとピタッと一つや。河田さんの話聞くと、僕の思いと全く同じや」と言ったと、河田は述べている。

河田の記憶が正しいとすれば、一九三三年前後に幸之助が『生命の實相』を所有しており、河田が松下電器で生長の家の教えについて講話をしていたことになる。一九三三年といえば、幸之助が「産業人の真の使命」を闡明した「命知元年」の翌年にあたり、「松下電器の遵奉すべき五精神」を制定した年でもある。当時は幸之助自身にとっても、あるいは従業員の訓育としても、精神面での向上を期待できるようなものであれば貪欲に吸収していこうという雰囲気が、松下電器社内にみなぎっていたのではないか。

ところで、幸之助は『生命の實相』をどのようにして入手したのだろうか。というのも、同書は当初、一〇〇〇頁を超える大著のうえ、総黒革表紙・三方金という贅沢なつくりで、一般に広く流通していた書籍ではなかったようだ。戦前によく売れたとされているのは、一九三五年に光明思想普及会が出版した二〇巻からなる全集『生命の實相』だ。したがって、もし一九三三年時点であれば、生長の家の関係者が幸之助に革表紙の『生命の實相』を献呈したと想像される。

ただ、谷口雅春が一九七一年に機関誌『理想世界』で、京都電燈の石川芳次郎が松下幸之助に『生命の實相』を紹介したと述べている（献呈については不明）[6]。芳次郎は一九三三年当時、京都電燈の常務取締役で、電気工業界ではすでにその名が広く知られていた。一九四一年には同社副社長、四三年に京福電気鉄道社長に就任している。その一方で、芳次郎は京都における生長の家の有力者だった。

幸之助にとって芳次郎は、頼れる先輩実業家だった。それは、芳次郎が同じ電気関連ビジネスの先駆者であるからというだけでなく、ＰＨＰ運動の最初期からの協力者だったからである。それにしてもなぜ、芳次郎は年齢が一〇歳超も年下で、戦前においては財界での影響力もはるかに格下の幸之助を支援したのだろうか。それについてはまず、生長の家の信徒というよりも、一技術者・一実業人としての芳次郎の半生を知る必要がある。

■石川芳次郎――家庭電化の先駆者[7]

芳次郎は、京都帝大卒で電気工学の著書もあるインテリであり、いくつかの会社経営にかかわった実業家でもある。様々な社会活動にも携わり[8]、一九六五年には京都市名誉市民にもなった。まさにエリート中のエリートである。しかし、芳次郎の生い立ちは必ずしも恵まれたものでなく、幸之助と同じように、父の経済的失敗が原因で貧困に陥り、「小僧」として少年時代を送った苦労人である。

芳次郎は一八八一年、東京・日本橋に生まれた。幸之助より一三歳年上である。父は酒屋を営んでいたが、経営が苦しかったうえ、友人の借金保証人として責任をとる羽目になり、破産した。そのため、小学校を出たばかりで当時まだ一三歳の芳次郎は働かざるをえず、幸之助の生年でもある一八九四年、日本初の電力会社である東京電燈の神田発電所の「見習」となる。事実上は雑事を何でもやらされる小僧だった。この就職が芳次郎の電気との出合いとなる。芳次郎は機械の研究に熱心な少年で、翌一八九五年に機関課機関助手、九六年に同課機関工に早くも昇進している。

当時、東京電燈の技師長は、藤岡市助（一八五七〜一九一八）だった。元東京帝大助教授、工学博士、後には東芝創業者の一人となり、「日本のエジソン」と称された電気界の大物である。上司の藤岡は、芳次郎の才能を早くから見抜き、自分の秘書兼小使い役とした。小学校出で、一介の技術者にすぎなかった芳次郎にとって、藤岡と接した経験は、将来への自信につながったに違いない。

一八九六年、一五歳の芳次郎は新たに創設された静岡電燈に、支援のため異動する。そこに技師長としてやってきたのが小木虎次郎（一八六六〜一九四〇）である。小木は名古屋電気鉄道の技師長も兼務していたが、藤岡と同様に芳次郎の才能を見抜き、一八九九年、芳次郎を名古屋電鉄に引き抜いた。芳次郎は同社の発電所技術員となる。その一方、小木は同年、京都帝大の教授に招かれる。二年後の一九〇一年、芳次郎は小木の推挙で京都電燈に移り、京都での生活を始めた。

二〇歳になった芳次郎は、京都の東九条発電所に技手として勤務する一方、同志社普通学校（中等学校に相当）に編入する。夜勤をしながらの通学であった。芳次郎の同志社愛は強く、普通学校卒業後も、OBとして同志社と深くかかわり続ける。一九二九年から三八年まで同志社校友会会長、一九三七年から五二年まで同志社理事、一九五二年から六二年まで同志社監事を務めている。一九六五年には同志社大学から名誉文学博士号が与えられ、六九年の京都市民葬（芳次郎は名誉市民のため）は同志社栄光館で行なわれた。なお、結婚して終生過ごすこととなった自宅（元は小木虎次郎の居宅）も、今出川のキャンパスの近くにあった。

芳次郎は同志社普通学校卒業後、第三高等学校（三高）に進学、そして一九〇七年、二六歳にして京都帝大工学部電気工学科に入学する。京都電燈からは社を一時離れる許諾を得、学業に専念した。そして、一九一〇年、京都電燈に復帰する。社命により一年半の欧米視察にまわり、日本の電気事業の遅れを痛感する。帰国後の一九一三年、芳次郎は小木虎次郎の娘貞子と結婚する。

貞子については後述することとし、芳次郎が外遊後、京都電燈で社員として活躍したことについて少し触れる。というのも、芳次郎の事業に対する考え方に、幸之助の見方と相通じるものがあるからだ。

当時の電気会社では、技術者の専門職意識が強く、営業を担当するなど考えられなかったという。しかし、電気の普及のためには、技術者こそが営業にあたるべきと主張し、芳次郎はみずから進んで営業課長となったのである。その点、松下電器はたんなる製造業ではなく「製造販売業」であり、技術者であろうと「一商売人」として販売店の声を聞くように説いていた幸之助に似ているところがある。

大正期の関西で、家庭向け電熱器分野のフロントランナーが京都電燈だった。[9] 芳次郎は特に宣伝・広告に力を入れ、なんと自宅の台所を家庭電化のショールームに改造する。実際、京都電燈の社史には次のような記述がみられる。

「わが国電熱発達の歴史は（中略）大正一三年頃暖房用として利用されたのが初めてであり、当時は何れかと言えば贅沢視されていたものである。それが広く炊事用として家庭電化が現出したのは、大正九年京都市東山区今熊野町井上亀之助邸の家庭全電化に始まり、続いて石川芳次郎邸、十一年には京大教授青柳栄司博士邸其他が電化せられて、家庭電化最初の栄誉を獲得したのはわが京都に於てであった」[10]

こうして電化生活をみずから実践した芳次郎は、一九二三年三月と翌二四年五月、陣頭に立って電灯・電熱の大規模な勧誘を開始する。[11] 当時、京都帝大の青柳栄司教授が芳次郎のことを「人も知る如く京都電燈株式会社取締役営業課長として令名あり」と述べているように、[12]営業活動における優れたリーダーシップは広く知られていたようだ。また、一九二四年に家庭電気普及会（後藤新平会長、青柳栄司副会長、芳次郎は常務理事、のちに副会長）を京都で設立し、[13]電気についての啓蒙活動も始めた。その結果、京都帝大の松田長三郎助教授（当時）によると、同年六月の下京区の電熱需要家数は三五〇〇、翌二五年八月には八五七〇に達したという。[14]

なお、芳次郎は当時書いたコラム「電気勧誘の今昔とその術策」の中で、「いままでの売り手がもうかれば、買い手が損をするといったふうの商売の考え方を改め、売り手も買い手も共に利益を得る。すなわち共存共栄でいかねばならない」[15]と書いている。共存共栄の理念を重んじることは幸之助と同じであり、後年、芳次郎と幸之助との親交が続いたのも、電気に対する技術的興味のみならず商売観でも重なる部分があったからだと思われる。

▒芳次郎の著書『工業電熱』が松下電器のアイロン開発の一助に

独立前は大阪電燈で勤務し、一九一八年に松下電器を創業していた幸之助にも、京都における家庭電熱の普及は耳に入っていたことだろう。

一九二七年、幸之助は電熱部を設置し、まだ二〇代半ばの中尾哲二郎（のちの副社長）にアイロンの開発を命じる。しかし、中尾は電熱についてほとんど知識がなく、参考書を必要とした。そこで早速入手したのが、一九二五年に刊行し、京都帝大でも教科書として利用された、石川芳次郎著『工業電熱』(オーム社)だった。[16]芳次郎の本に頼りつつ、[17]中尾は三カ月で電気アイロンの開発に成功する。この新開発の「スーパーアイロン」は、低価格高品質が評判をよび、ヒット商品となった。一九三〇年には商工省が国産優良品と指定し、松下電器の電熱分野における歴史を画した製品となったのである。

こうなると、大正時代より家庭電熱の普及に力を注いできた芳次郎が松下電器と何らかの関係を持たないはずがない。事実、一九三二年一〇月に、松下電器は家庭電化に関する懸賞論文を募集した際(結果発表は同年一二月)、当時は京都電燈常務取締役の芳次郎が審査員の一人として名を連ねた。[18]しかし、芳次郎が以降、長期的に年下の幸之助と交流を続けたのは、こうした同業人だからという理由だけでなく、自分自身も貧しい境遇に育ち、電気界の先輩らに支援されて現在の地位があること、商売哲学において幸之助と価値観が合っていたこと――などが考えられる。

ところで、ここまでは技術者・実業家としての芳次郎に焦点を絞り、生長の家との関係については言及しなかった。その理由は、芳次郎よりも、どうやら妻の貞子とその父小木虎次郎のほうが生長の家に積極的に関与していたからだ。つまり生長の家の影響という観点からすれば、幸之助と芳次郎との個人的関係よりも、幸之助と貞子らとの関係も含めて複合的に把握する必要がある。さらに、幸之助が戦後始めたPHP運動まで視点を広げると、川越清一という、石川家で育った人物のことを知る必要がある。

次節では、こうした芳次郎の周辺におり、直接間接に幸之助に影響を及ぼしたと思われる人物に焦点を当てたい。

三　芳次郎の妻と岳父の精神探究――書生はPHPに[19]

■京都における生長の家の指導的立場にあった小木虎次郎

石川芳次郎との関係を通して幸之助が生長の家の教えに触れることになるのは、芳次郎の妻である貞子の存在が大きい。先述したように、貞子は小木虎次郎の娘である。この小木父娘は戦前、京都の生長の家において指導的な立場にあった。

父の虎次郎は、一九三三年に生長の家の京都支部が誕生したときの初代支部長である。[20]虎次郎は、谷口雅春の自由詩「甘露の法雨」を「聖経」にした人物[21]として、教団内ではその名が知られているという。「甘露の法雨」は、一つの短い詩ではなく、「神」「霊」「物質」「実在」「知恵」「無明」「罪」「人間」といったテーマからなる「歌集」または「詩集」のようなもので、機関誌『生長の家』に掲載後、『生命の實相』の「聖詩篇　生長の家の歌」に再掲されている。[22]

生長の家によると、[23]虎次郎は、「甘露の法雨」を読んだ人に難病治癒や祖先救済などの奇跡が起こることに気づき、仏前神前などで声に出して読めるよう携帯可能な折本にして発行することに尽力した。この折本『聖経　甘露の法雨』は、一九三五年に京都教化部から発行後、奇跡譚があとを絶たず、全国から求める声が高まり、翌三六年末に当時の教団の出版社である光明思想普及会の発行となり、広く普及した。のちに信者必携の「お経」とみなされるようになったという。

虎次郎が生長の家とかかわるようになった事情はよくわからない。虎次郎を偲び芳次郎が出版した『米虎追憶』によると、虎次郎は一九二六年に大阪電機製造顧問を辞職、翌二七年に京都工学校校長を辞任するなど引退後、「洛北高野に隠棲し晴耕雨読の生活を送る」。[24]そして、日蓮宗に帰依した祖母の日得（本名すみ）の影響か、晩年は「自然物質」よりも「精神文化」に対する関心が強まり、「生長の家に入信」したという。[25]

これに対して、谷口雅春の『生命の實相』は、虎次郎についてもう少し具体的な記述をしている。それによると、京都の生長の家はまず、京都電燈幹部らのあいだで広がった。[26]同社勤務の岡藤三が、[27]田中博社長をはじめ重役らに対し、『生命の實相』を中元歳暮に贈呈したからだという。[28]これが事実だとするならば、石川芳次郎は無論のこと、一九一三年まで京都電燈に勤務していた虎次郎も、『生命の實相』を岡より入手した可能性はある。

さらに谷口は、「南海の電気局長に牧野さんという人がある、この人が熱心なクリスチャン・サイエンスの礼讃者で、電気界諸方面の知人たちにクリスチャン・サイエンスをひろめておられた」と述べたうえで、虎次郎もクリスチャン・サイエンスの熱心な信者となり、もともと生長の家を受け入れる下地ができていたという。[29]谷口は、一九二五年にクリスチャン・サイエンス関連の英書[30]を翻訳出版するほど、その教えには強い関心を抱いていた。

クリスチャン・サイエンスとは、アメリカで一九世紀後半から拡大した宗教運動で、日本には明治の末に到来した。教祖のメアリー・ベイカー・エディは、実在するのは霊であり、物質や肉体ではないとする教えを説いた。肉体の病気とみなしているものは誤った信念による幻想にすぎないと主張したのである。なお、クリスチャン・サイエンスは、生長の家同様、後述するニューソート運動の系譜に属するとみられている。

虎次郎のようなクリスチャン・サイエンスの信奉者が生長の家に関心を抱くのは、珍しいことではなかった。ただ、実際は、娘の石川貞子が父の虎次郎を生長の家に導いた可能性もある。というのも、貞子自身が、谷口雅春を知ったのは一燈園（二〇世紀初めに西田天香が創始。京都市山科の共同体や便所掃除の奉仕などで知られる）の機関誌『光』掲載の「無一物の医学を語る」が最初だと述べており、虎次郎に紹介されたとは言っていないからである。

谷口によると、この「無一物の医学」が京都に生長の家を広めたもう一つの要因だという。[31]そうだとすれば、虎次郎が貞子に紹介したという可能性は低くなる。しかし、貞子は虎次郎同様、クリスチャン・サイエンスに関心を持っていたと主張しているので、[32]虎次郎が貞子に宗教上の影響を及ぼしたという見方も完全には否定できない。貞子の宗教とのかかわりについてもう少し詳しくみてみよう。

■芳次郎の妻・石川貞子の宗教遍歴

貞子は一九一三年に芳次郎と結婚した。新婚時代の大正期は、先述したように、芳次郎が京都電燈で大きく活躍していた頃である。ただ、長男の石川敬介によると、[33]貞子からみれば、芳次郎は仕事第一で家庭をかえりみない夫であった。結婚後四年で三人の子宝に恵まれたものの（貞子は計六人の子供を産んだ）、満たされぬものがあったのではないかと推測している。敬介はその根拠として、「お寺や教会からはじまって、大本教、天理教、一燈園、生長の家とあらゆる宗教を遍歴することとなり……」[34]と、貞子の〝宗教ショッピング〟ぶりをあげている。

敬介の指摘とはやや異なり、貞子自身は、自分には物心ついたときから求める心があったと述べている[35]。貞子が結婚後に最初に出合った宗教はキリスト教だった。芳次郎の同志社時代の友人である牧師が自宅近くの教会に赴任し、石川宅にも時おり寄ってはキリスト教の話をしたという。貞子は牧師に勧められ、洗礼を受けた。

本人によると、その後もしばらくは、平穏で幸せな日々を送っていたが、敬介が第一高等学校（一高）在学中（昭和の初めと推測される）に、病気で倒れ、京都府立病院に入院した。これが原因で、貞子は、病気治しで知られるクリスチャン・サイエンスに強い関心を持つようになったと述べている。クリスチャン・サイエンスの人から、「人間は肉体でない霊である、病気をしたり朽ちたり亡んだりする様な存在ではない、あなたの息子さんはかつても病気をなさいません、今もして居られません、これから先もなさいません[36]」と教えられ、早速、敬介を退院させている。「かねがねの信仰もあり、私も何んのうたがひもなくこの事が信じられ[37]」と貞子は述べており、クリスチャン・サイエンスもキリスト教の一つとみなして疑問をはさまず受け入れたのであろうか。その一方で、父の虎次郎からクリスチャン・サイエンスについて紹介されたとは、ひとことも述べていない。

やがて貞子は谷口雅春の「無一物の医学を語る」に出合い、谷口の考えがクリスチャン・

サイエンスに似ていることに気づいたと記述している。[38] ここで興味深いのは、貞子自身が一燈園の機関誌を持っていた理由について触れていないことである。「無一物の医学を語る」の掲載誌は、一九三二年一〇月発行の『光』第一三〇号。[39] 敬介の入院から五年ぐらいはたっているのではないのかと思われる。けれども、貞子の記述はまるでそのような期間がなかったかのように、「クリスチャン・サイエンスから生長の家へ」という筋書きで展開している。しかし、事実はひょっとすると、敬介が指摘したように、昭和の初めに、貞子は一燈園にかかわっていたのかもしれない。

谷口雅春の文章に出合ってまもなく、「ガス会社の岡善吉さんの弟」[40] なる人物が貞子に『生命の實相』を勧める。[41] 貞子の谷口に対する関心が一挙に高まり、ついに芳次郎と子供を連れて、貞子は兵庫県の御影にある谷口の自宅に押しかけた。貞子は谷口に会うことができたうえ、生長の家のリーダーらとも知り合いになる。そして、谷口の文章に出合ってから一年足らずの一九三三年には、自宅（元は父の小木虎次郎邸）に生長の家京都支部を設立する――。[42] 以上が貞子自身の生長の家への入信物語である。

このように貞子の自伝に従うと、京都の生長の家は、初代支部長の虎次郎ではなく、貞子から始まったことになる。[43] そして、あくまで筆者の想像ではあるが、小木虎次郎と石川芳次郎というインテリで社会的地位の高い人物の存在が、京都の生長の家に対する信頼性を高めたのではないかと思われる。谷口雅春も石川夫妻を気に入ったのか、京都に来るときは必ず相国寺(しょうこくじ)門前町の石川邸に宿泊するようになった。これがまた、京都の生長の家における石川家の権威を高めたとも考えられる。

■幸之助と石川家にあった親交

小木虎次郎と石川貞子父娘がいくら生長の家の活動に熱心だったとしても、その思いが松下幸之助にまで届くには、石川芳次郎との関係が深くなければならなかったはずである。幸之助の芳次郎との出会いに関する経緯は不明だが、先にも述べたように、芳次郎は一九三二年の松下電器による懸賞論文大会の審査員を務めている。ただし、当時、幸之助と芳次郎とのあいだにどの程度の親交があったのかはわからない。

両者の間柄を知る手がかりの一つが、芳次郎・貞子の末の息子（五男）である石川芳夫氏の記憶である。芳夫氏によると、一九三三年か三四年頃、高松宮宣仁(たかまつのみやのぶひと)親王が京都を訪問した折、芳次郎が将来性のある企業として松下電器を紹介したという。幸之助は返礼として、芳次郎に特大の蓄音機を贈呈し、芳次郎はそれを長年、愛用していたそうだ。

これは芳夫氏の幼少時の記憶なので、細かい年まで正確かどうかわからない。松下電器の社史資料では[44]、一九三四年以前の皇族訪問の有無は確認できなかった。皇族としては、高松宮ではなく、東久邇宮稔彦王が一九三五年一二月に大阪・門真の本店・工場を視察したという記録があり、このとき電気蓄音機を献上している。その後、高松宮が一九四二年二月に乾電池工場を視察している。[45]また、『松下電器所内新聞』(一九三五年七月一五日付)の記事によれば、松下電器の電気蓄音機(フォノラジオ)の発売は、一九三四年以前ではなく、一九三五年である。

もっとも、芳夫氏は、高松宮が松下電器を訪問したとは述べていない。献上したという蓄音機は非売品あるいは試作品あるいは輸入品だった可能性もある。さらに一九三二年に芳次郎は懸賞論文の審査員を務めていて、その後に松下電器を評価していたというのだから、一九三〇年代半ばには、幸之助と芳次郎は、少なくとも仕事上においては相当な交流があったと推測される。しかもその頃、幸之助は芳次郎と同じく、京都に居住していた。

芳夫氏の記憶にある一九三三年といえば、生長の家の京都支部が創立した年である。先に引用した河田亮太郎のエピソードが真実ならば、この年の頃に幸之助は生長の家についての講演を河田に依頼している。筆者が確認した松下電器の資料のうち、「生長の家」という名称が初登場するのは、一九三八年一二月一五日付の『松下電器社内新聞』である。みどり会の主催で「『生長の家』講話会」が開かれたと報告している。みどり会とは、一九三六年結成の松下電器の婦人会で、むめの夫人が会長に就いた。講話会の記事は短く、その全文は以下の通りである。

「今秋奈良周遊を試みたみどり会では、その時、会員に紹介した京都電燈常務石川芳次郎夫人の斡旋で今回『生長の家』から講師を招聘し、会長を始め会員百十名出席し、午前中は講話を聴き、昼食後更に午後は講師を囲んで座談会を開き熱心に質問を続け午後四時に至って解散した」

「石川芳次郎夫人」とは、貞子のことである。貞子は一九三六年に生長の家の婦人向け機関誌『白鳩』の創刊号にエッセーを寄稿していることから、この講話会の頃には関西の生長の家内部では有力者となっていたと思われる。貞子の力でみどり会に講師を派遣できたのだろう。また、一九四〇年三月二五日付の『松下電器社内新聞』にも、みどり会の年次総会後、会員らが生長の家の栗原なる人物の体験談を聴いたことが記されている。[46]

■書生・川越清一――PHP研究所の研究部員として活躍

松下電器本体ではなく婦人会とはいえ、このように生長の家に対して好意的であったことは、幸之助と芳次郎との親交による面も大きかっただろうが、川越清一という人物の存在も無視できない。川越は、芳次郎・貞子の長男敬介と京都一中の同級生だったが、両親を亡くし、石川家が引き取って育てた人物で、三高をへて京都帝大を卒業した秀才である。[47]

石川家には常に書生がいた。それは、貧乏で学歴もなかった芳次郎が東京電燈に入って以降、学者や実業家の支援があって経済的にも社会的にも恵まれた立場となったからである。有能だが経済的に困っている若者に支援をせずにはいられなかったのだろう。[48]学費支援を受けた若者の中には、小学校を卒業したばかりで父を亡くして困っているところを芳次郎に助けられ、大学まで卒業することができ、その後は自立して大阪の朝日放送の社長・会長にまでなった原清のような人物までいる。[49]

川越は大学卒業後、松下電器に就職した。入社年は不明だが、一九三四年以前のことだと思われる。[50]当時の松下電器に大卒の就職者は少なく、石川芳夫氏によれば、川越は松下電器初の帝大卒採用者だったそうだ。[51]エリートである京都帝大生にとって就職志望先とはならなかったような松下電器に、なぜ川越は入ったのだろうか。芳夫氏によると、貞子に命じられて松下電器に就職したという。貞子が幸之助を気に入っていたのか、それとも芳次郎が幸之助を高く評価しているのを貞子が日頃から耳にしていたからなのか、理由はわからない。もし貞子の命令が事実なら、学費を支援してもらっていた川越は逆らうのがむずかしかったのかもしれない。しかし、事実はどうであれ、川越自身は生長の家の信者でなくとも、松下電器に川越の存在があることで、生長の家の普及に熱心な貞子も、みどり会の婦人らに受け入れられていたとみることはできる。

その川越は戦後、ＰＨＰ研究所初代メンバーの一人となる。しかも、研究所の運営担当ではなく、元大蔵省主計局長という大物の中村建城と二人だけの研究部員である。幸之助の精神活動に何らかの影響を与えうる立場であった。しかし、川越がＰＨＰのメンバーに選ばれた経緯は不明だ。考えられるのは、川越の研究者としての適性もあったかもしれないが、芳次郎の存在はやはり無視できないだろう。

幸之助はＰＨＰ研究を開始するにあたって、経営者としてばかりでなく社会活動にも積極的だった芳次郎を頼りにしていたのかもしれない。芳次郎もＰＨＰの理念に理解を示していた。実際に芳次郎は、ＰＨＰ活動の前面には立たないものの、著名な学者らを招いて行なうＰＨＰ主催の懇談会などで、司会役を務めたりするだけでなく、自宅を懇談会の場として提供するなど、目立たぬところで初期のＰＨＰ活動を支えた。川越がいればこそ、なおさら協力的だったのだろう。

■貞子から「生長の家」の教えを学んだか

幸之助と石川家との親交を象徴しているのは、月刊誌『ＰＨＰ』の創刊号（一九四七年四月号）に、石川貞子が二頁にわたるエッセー「母の便り」を寄せていることである。[52] 創刊号だけあって寄稿者は著名人が多いなか、生長の家の外部では無名であり、プロの文筆家でもない貞子の文章を『ＰＨＰ』は掲載したのである。貞子については、「実業家夫人」とだけ紹介されている。

芳次郎・貞子の三男の石川浩三の未亡人である美以子夫人によると、一九四三年一〇月に結婚後、芳次郎邸に住んでいた頃、幸之助が時おり訪ねてくるのをみかけたという（時期は不明だが、戦後間もない頃のことだと思われる）。芳次郎と電気についての技術的な話をするのが目的だったようだが、芳次郎との会話が終わると、貞子が幸之助に対して精神論講話のような話をしていたと語っている。

美以子夫人は、幸之助が正座をしてじっと貞子の話に耳を傾けていた姿を覚えている。もし貞子の話が宗教的説教であるとしたならば、幸之助の生長の家に対する理解は貞子というバイアスを通してなされていた可能性はある。

谷口雅春も一九四七年八月号の『ＰＨＰ』誌に早速、登場する。「意見を聴く」という、テーマを設定して著名人・専門家に意見を求めるコーナーである。その号のテーマは「宗教は社会改造に如何に役立つか」となっており、谷口は以下のように回答している。

「宗教は社会改造の始であり終である。宗教を抜きにした社会改造などがありうるとすれば、それは破壊であり混迷であるにすぎぬ。（中略）又更に直接には、神の意志がじかに社会を動かし改造しつつあるのであって、本当のいみの社会改善は人間が人間智によって行っているのではない。宗教は社会改造のアルファでありオメガである。但しこの意味の宗教は……実生活に生きて動くものでなければならない」

ＰＨＰが回答を依頼するに際しては、石川夫妻の存在は大きかったと推察される。なお、谷口の右の文章が掲載された号の次号には、芳次郎の「貧困から繁栄へ――国の経済力を増大しよう」と題された文章も載っている。[53]

以上のように、ＰＨＰ研究所の草創期において、幸之助は川越清一を研究員にすることで芳次郎・貞子から活動上の協力を受けることができたと思われる一方で、芳次郎・貞子（特に貞子）は川越を幸之助の下にやることで幸之助に対して何らかの精神的影響を与えたとみることもできる。いずれにせよ、幸之助は一九四六年にＰＨＰ研究所を創設してから一九五〇年代初めまでに自身の人間観を大枠で固めたことを考えると、芳次郎と貞子の存在は無視できない。

しかし、その後については、幸之助と芳次郎とのあいだでは有力財界人としての交流が続いたものの、石川家との精神的交流は途絶えたようである。貞子が一九五五年に結核で亡くなり、川越もＰＨＰ研究所を去って松下電器に復帰したからだ。[54]

貞子との関係が薄れていった背景には、晩年の貞子が生長の家に対する情熱を失っていったこともあげられよう。一九五〇年に『白鳩』誌に寄せた「生長の家二十年の思ひ出」には、生長の家の機関誌に掲載する文章だけあって、谷口雅春および生長の家に対する感謝の念がつづられているものの、子供たちの病気に関する点に言及したとき、迷いの気持ちを露呈している。

「戦争、丈二の死、終戦、敬介の病気再発、四男、五男の発病、世の中も私も多事多難の時を過しました。どうして生長の家にあんなに熱心な石川さんの家につぎつぎと香(かんば)しからぬ出来事が起るのかといろいろ人様を迷わしました。其度に先生すみません、今に必ずきっと喜んでいただく日が参りますとお詫びと御助力と御期待下さる事をお願い申上げて過ぎて参りました。しかし、かかる環境にありながら、石川家はともかくあかるく過ぎて来たのです」[55]

石川家は次男の丈二、四男の文平が若くしてこの世を去っている。長男の敬介も大きな病を経験した。そして、貞子本人の結核である。[56] 戦前から京都の生長の家で中心的存在だった石川家であったにもかかわらず、なぜ病が生じるのか、生長の家の一員として心のあり方に問題があるのではないのかと、陰口をたたく信者も中にはいたようだ。家庭内においても、芳次郎や子供たちは、貞子の医療に対する消極的姿勢に疑問を呈することもあったらしい。[57] 敬介が「(貞子は)あらゆる宗教を遍歴することとなり、結局生長の家との関係が一番長く深いものとなりましたが、ここにも安住しきれなかったのでしょう」[58] と述べているのは、貞子の生長の家に対する葛藤があったことを物語っている。

幸之助が石川家を訪問した際、貞子は、生長の家の内部においては自身や家族の病気のことで肩身が狭かったものの、「素直な心」で他人の話に耳を傾ける「聞き上手」の幸之助には、自分の信条を思い切り話すことができたのかもしれない。三男浩三の美以子夫人の目撃談から、そんな貞子の「精神論講話」模様が思い浮かばれる。

貞子が幸之助に何を語ったのか不明だが、幸之助にはいろいろ感じるところがあったのではないか。それだからこそ、本章の冒頭で紹介したように、生長の家に対しては批判的な面も含めてみずからの見解を述べるほど、関心が深かったと考えられるのである。

四 幸之助に対する影響を考える

■類似する「本来」対「現実」の対応関係

幸之助は、人間には本来、限りない繁栄、平和、幸福（ＰＨＰ）が与えられていることを自覚すべきだと説いた。人間の目指すべきＰＨＰが、本来の人間にはすでに与えられているというのである。このように「本来」のあり方を「現実」と対比させて強調するのが幸之助の考え方の基本にあることはこれまでにも述べてきた。なぜそのような思考様式になるのか。その点については、谷口雅春の強調した「人間本来神の子」という教えが連想される。谷口の『生命の實相』にはたとえば、次のような説明がみられる。

「横に広がる真理は現象界は本来空無であって唯心の所現であるから、心に従って自由自在に貧でも病でも富でも健康でも不幸でも幸福でも現わすことができるということであります。それから縦を貫く真理は、人間本来神の子であり仏子であり、無限の生命、無限の知恵、その他すべての善徳に充ち満たされている。それがわれわれの実相であるというのであります[59]」

「横に広がる真理」とは、人間の目に映る現象は実在ではなく心の現れであるから、経済・健康状態などの幸・不幸は人間の心次第で自在に、現象として現すことができるという「真理」だ。それに対して「縦を貫く真理」とは、(現象ではなく)実相において人間は「本来神の子」であり、無限の生命や知恵、善徳に満たされているという「真理」である。

幸之助もまた、この「生命、知恵、善徳」とは表現が異なるけれども、無限の繁栄、平和、幸福が本来、人間には与えられているとした。この「縦＝実相」と「横＝現象」の対比の構図は、幸之助の「本来」と「現実」の対応関係に相似しているといえよう。そして、生長の家の理想世界(地上天国)も、幸之助が求めた「物心一如の真の繁栄」も、人間の本質の自覚認識なくして実現はしない。見方を変えれば、現実における不幸や争いは、人間がみずからの本質を自覚認識していないことに起因するとされる。

もっとも、だからといって、幸之助がもっぱら生長の家の教えに依拠して人間観や世界観を構築したとは必ずしもいえない。こうした「実相対現象」や「本来対現実」のような対比は、一宗教に固有のものではなく、近代日本の新宗教に比較的共通してみられるからだ。

宗教学者の島薗進（しまぞのすすむ）によると、互いに似通った面もある近代日本の修養道徳運動と新宗教の相違の一つとして、「現実の社会秩序と異なる次元に理想的共同体や至福の状態を構想するかどうかという点」がみられ、「新宗教の場合にはたいてい現在の世俗社会を超えた何らかの究極的秩序が夢見られている。典型的には地上天国が理想とされ、神の意志によって設定される超越的な規準のもとに世俗社会が批判される」という。[60]

ここでの「究極的秩序」が「実相」「本来」に、「世俗社会」が「現象」「現実」に相当すると考えれば、幸之助の人間観や世界観もまた、みずからの生きてきた社会や時代の精神を、何らかの程度、反映しているとも考えられるのである。

■「生命力」と「神」と「根源」と

第一章で、人間を含めた宇宙の万物の生命力は「宇宙根源の力」から与えられていると幸之助が考えていたことを述べた。幸之助の「生命力」に対する関心の高さは、『ＰＨＰ』誌に連載していた「ＰＨＰの原理」のうち、一九五〇年の一月号から五月号までの五回にわたって生命力をテーマにした論考を寄稿していたことからもみてとれる（各タイトルは「生命力」「人間の生命力」「生命力の発展」「生命力の培養」「生命力の永遠性」）。幸之助は、人間の生命力について、宇宙の永遠の大生命である「宇宙根源の力」が、個人ごとに異なるかたちで与えられるものだとみていた。

一方、生長の家の谷口雅春は生命力について、「実在する宇宙は、完全円満、光明無限、生命無限、知恵無限、愛無限、したがってまた調和無限、供給無限、自由無限であるところの一大生命力によってささえられ、その一大生命力の展開として一切の生命は存在に入ったという事実です。この一大生命力を『神』と称するのであります[61]」と述べている。すなわち、宇宙を支えている無限の一大生命力としての神が万物の生命に内在化しているということだ。幸之助における無限の一大生命力は紛れもなく神的存在である「宇宙根源の力」に相当するので、谷口雅春との生命観に共通する点が大きい。

もっとも、こうした生命観についても、生長の家に限らず日本の新宗教に広くみられることは従来から指摘されてきた。人間を含めた宇宙の万物を生み出し、育む力は「根源的生命」に帰納、集約され、いわば宇宙と生命と神は一体化したものであるという。そしてここから、

第1章でもみたように、人間は、「根源的生命」の無限の恵みによって生かされていることに感謝すべきであるとされる。[62]幸之助もまた、次のように述べている。

「天地の恵みは、何の分けへだてもなく、われわれ人間にさんさんとして降りそそいでおります。それはあまりに広大なために、無心の如くに思われます。

この恵みの根源には、万物を生かし人間を生かそうとする宇宙の意志が大きく働いております。この大いなる宇宙の意志を感得し、これに深い喜びと感謝をもち、さらに深い祈念と順応の心を捧げることが、信仰の本然の姿であります。

われわれがこの信仰に立ったとき、宇宙の意志が生き生きと働いて、ものを生み出す知恵才覚が湧いてまいります。そこから力強い労作が生まれ、繁栄への道がひらけてまいります[63]」

幸之助の「根源」に対する感謝の念もまた、生長の家に固有であることよりもむしろ、かつて「民衆宗教」ともよばれた新宗教の生命主義に通底する面がある。ただ、「生命力」への着目については、自身が蒲柳の質であるとの認識が強い中で、病という現象は心の影であると説いた生長の家の影響が少なからずあったと考えられるのである。

■「無限」「無尽蔵」の強調

幸之助の著作には「無限」という表現がよくみられる。『道は無限にある』と題された本もある。企業経営者であるゆえ、経営や仕事のやり方はいくらでもあり、その意味で無限であると説くのは自然なことだ。しかし幸之助の場合、エネルギー資源から人間の可能性まで、極端にいえばありとあらゆることについて無限であると強調するのが特徴である。

その「無限」についてすぐに思い出されるのはやはり、「生産につぐ生産により、物資をして無尽蔵たらしめ、もって楽土の建設を本旨とする」ことを掲げた、一九三二年の「産業人の真の使命」だ。「無尽蔵」とは無限のことである。幸之助がこの「真使命」を考えるきっかけになったのは、自叙伝『私の行き方 考え方』の記述に従って、一般的には天理教の訪問であるとされているが、「真使命」の内容自体は天理教との関係が見当たらない。

三年前の一九二九年、谷口雅春が「今起(た)て！（中略）今のほかに時はない。『今』の中に無限があり、無尽蔵がある」[64]という啓示を受けている。谷口はその翌三〇年に雑誌『生長の家』を創刊し、生長の家の発展の礎を築いていった。谷口が「無限」「無尽蔵」といった表現を頻繁に用いたのは、一燈園の影響かもしれない。

一燈園の創始者であり、谷口とも接点のあった西田天香は、禅に由来する「無一物中無尽蔵」を説いた。すべてを捨て（心の執着も含め）何も持たざる状態に達すると、真理たる無限の世界がひらけてくるというのである。一燈園は実際、「無一物」に徹して個人所有を排したコミューンを形成した。

一方、谷口の場合は意味が異なり、「實相」においては、無限の力が与えられているのだとした。ただ、幸之助が生長の家関係者と最初に接したのは一九三三年頃とみられるので、前年の「真使命」との関係は不明である。したがって、谷口の教えは事後的に「真使命」の推進力となった可能性も考えられる。

谷口によれば、富は、能力や健康と異なって、ある人の分が増えれば他の人の分が減る、つまり総量は一定だと思っている人が多いが、それは誤った考え方だという。現実に、会社が旧来とは異なる便利な品物を生産し、消費者がそれを購入すれば、富が増大する。

一方、不況になると、会社はまず従業員の減給や解雇をしたり、消費者は節約を美徳としたりするのは、特定の見方に心がとらわれているからだと谷口は言う。本来、人間は神の子、無限の生命に満たされている。消費や労働力の節約ということは、そうした生命を生かしていないことである。神による生命の無限供給は本来、富の無限供給でもある——というのが、谷口の教えである。したがって、「人間は本来貧しくあるようには造られていないのであります」ということになる。[65]

幸之助もまた、人間には本来、繁栄が与えられているということは、これまで繰り返し述べてきた通りである。

■心と現実や現象の対応関係を重視した幸之助

谷口雅春が関心を示した「ニューソート（New Thought）」（『生命の實相』では「新思想」という訳語をあてている）の運動に触れておこう。ニューソートとは、一九世紀末頃にアメリカでキリスト教から派生した一種の異端的宗教・霊性運動であり、そこには、心や思考の性向がその人の健康や経済の状態に表出するという考え方がみられる。谷口雅春あるいは生長の家は海外でも、ニューソートの系譜に属すると解釈されている[66]。

アメリカの成功哲学に影響を与え、日本の自己啓発書でも強調されることの多い「ポジティブシンキング」「積極思考」などの由来は、直接あるいは間接に、ニューソートにあると言っても過言ではないだろう。たとえば京セラ創業者の稲盛和夫が、「強烈な願望を心に抱く」ことを重視した背景には、大病を患った一〇代の頃に初めて読んだ『生命の實相』から受けた感銘があると考えられる。

かつてヤオハングループ代表を務め、生長の家の信者だった和田一夫は、『念じるだけで巨富が築ける！――ゼロから無限の富を得る成功法則』（ロングセラーズ）、『信念は必ず実現する――人生とビジネスを大きくする成功実践学』（かんき出版）など、タイトルそのものがニユーソートを想起させる著作を出版している。

幸之助の場合、前章の病に対する考察でもみたように、心のあり方が肉体の健康に影響を与えると考えていた。また、以下の発言のように、願望の現実化についても触れている。

「お互いに長い一生のあいだには、何かこの仕事をやりたいとか、あるいはこれをやらないといかんとか、強い強い願望があったら、その願望は必ず達成できるという感じを、そのときにはっきりもったわけではありませんけども、そういう感じがするんです。

やはり人間の、いわゆる自分の願い、願望の達成というものは、願望の程度に応じて成り立つもんやと思うんです。こういうことをやってみたいということが成功するか、成功しないかは、その人の願望の強さ、弱さによって変わってくる、徹底的に強かったら必ず成功すると思うんです[67]」

ただ、幸之助は願望自体の現実化をそれほど重視していたわけではない。幸之助のいう「願望」は、「熱意」という言葉に置き換え可能である。むしろ幸之助は「願望」よりも「熱意」という表現を多用した。

幸之助の場合、熱意があれば困難に立ち向かうことができるばかりでなく、周囲の人もその熱意ある姿に心を打たれて協力してくれるという意味で「熱意」を使うことが多く、心や思考のあり方が現実化するものだとは強調していない。

この点についてわかりやすいエピソードがある。稲盛和夫が幸之助の「ダム経営」についての話を聞いた時のことである。[68]「ダム経営」(または「ダム式経営」)とは、ふだんから資金にある程度の余裕をもち、ダムの水のごとく必要な場合に供給できるようにする経営である。

講演後の質疑応答で、中小企業のある経営者が、大企業の松下電器とは違って資金のダムをつくる余裕などない、どうしたらよいのか教えてほしい、という趣旨の質問をした。松下はひとこと、「そらやっぱし、ダム式経営をやろうと思わんといかんでしょうな」と回答したという。[69]具体性のない回答に周囲の中小企業経営者は落胆したようだったが、稲盛だけは逆に衝撃を受けた。

「……『やろうと思ったってできやせんのや。なにか簡単な方法を教えてくれ』というふうな、そういうなまはんかな考えでは、事業経営はできない。『できる、できない』ではなしに、まず、『そうでありたい。オレは経営をこうしよう』という強い願望を胸に持つことが大切だ、そのことを松下さんは、言っておられるんだ。そう感じた時、非常に感動しましてね[70]」

他の中小企業経営者と違って稲盛だけが幸之助の発言に衝撃を受けたことは、稲盛の経営者としての非凡さを示すものである半面、稲盛が一〇代の頃に肺浸潤(肺結核の初期)を患った際、隣家の女性に勧められて『生命の實相』を読んでいたからこそ、[71]心のあり方が現実化すると考えていたことを示唆している。一方、幸之助の発言の真意は、やろうともしないという熱意の欠如によって、みずから「できない」という限界を設定することに批判的であったと思われる。

前章でもみたように、幸之助のみずからの病の経験から、「肉体は心の影」という谷口の見方に対して、全面的な共感は示さなかった。だから、薬の接種もいとわなかったのである。しかし、物事にとらわれることなく客観的に認識する「素直な心」の大切さを強調し続けたように、心と現実や現象との対応関係を重視していたことは明らかである。そのような見方は、若い頃から一貫して持っていたとしても、生長の家の教えに触れることによってなおさら強く意識されるようになったとは考えられることである。

もっとも、幸之助は生長の家以外にも、様々な宗教や思想との接点があったのかもしれず、一概に生長の家から強く影響を受けたとは断定できない。ただ生長の家については、石川芳次郎・貞子夫妻を介して、戦前から接点のあったことは明らかであるから、本章で宗教的背景の一ケースとして取り上げた次第である。

第4章

死生観はどのようにして涵養されたか

山本武信氏（前）、加藤大観氏（左）と（1926年）

一　使命に殉ずる経営者

■「体から血が流れっぱなしやったら、どうなる？」

松下幸之助の経営する松下電器の組織は製品別事業部制であり、[1] 各事業部は自主独立の精神で経営を進めることとされた（自主責任経営）。そして、トップの事業部長には、大きな権限が与えられる半面、経営の結果責任が求められた。

元社員らの証言によれば、「事業部長は二〜三期連続して赤字決算経営の場合は更迭と言われて居りました」[2]「事業部長が二年連続で赤字、営業所長なら一〇〇〇万円以上の不良債権をそれぞれ出せば解任という厳しさだった」[3] という。このように、「赤字は罪悪」と述べていた幸之助は、事業部長の経営に対して厳しかった。「企業は社会の公器」であるという幸之助の信念にもとづけば、事業によって利益を生まないことは、社会に貢献していないに等しかったからだ。

かつて炊飯器事業部ではこんなことがあった。

同事業部は一九五八年に電熱器事業部から独立した（炊飯器の生産は一九五〇年代半ばからしていた）。一事業部として独立させたゆえ、炊飯器に対する会社の期待度は高かったものの、当時の炊飯器の売れ行きは、家電製品のトップメーカーである松下電器としては、芳しくなかった。幸之助は炊飯器事業部の事業部長を叱咤激励したものの、業績はなかなか好転せず、工場閉鎖を検討する話まで出る。事業部長の頬はすっかりこけ、社内では「自殺でもしかねないのでは」という心配の声まであがっていたという。[4]

同事業部の業績不振はしばらく続いたが、やがて業界初の保温機能を搭載した自動炊飯器を開発する。改良を続けるうち評価が高まり、一九六〇年末までに炊飯器のトップメーカーにのし上がった。幸之助は翌年一月の経営方針発表会で事業部長の努力を称える。

「この五カ年間に会社の製品の品質は非常に向上したと私は思います。他メーカーさんも向上しておりますが、松下電器も非常に向上した。具体的な一例を申しますと、炊飯器にいたしましても、最近は非常にいいものができまして、最近は全国生産のうち、ナショナル炊飯器はその五〇パーセントを供給するようになったという報告を坂本君（坂本達之亮氏・当時炊飯器事業部長）から私は聞きました。三年前の姿を、私はありありと覚えております。そのときには、ともすれば、思うものができないので、坂本君は責任を痛感いたしまして、なんとかしてこれをより立派なものにしあげたいということを、神かけて念じておった姿を私は見ておるのであります。その姿の尊さに、私は頭の下がる思いをいたしたのであります」[5]

事業部長は、幸之助が自分の名前を出して賞賛してくれたのを耳にし、ハンカチを出して泣いた。[6] 事業部長の苦しみを知る周囲の人も、もらい泣きしたという。

このエピソードは、努力は報われるという美談のようにも受け取れるが、幸之助は事業部長に対して、命をかけるほどの真剣さを求めた。そして実際、周囲からみれば命が削られているのではないかと思えるほど、事業部長は精神的重圧に苦しんだ。けれども幸之助が容易に妥協を許さなかったのは、事業を通して社会に貢献するという松下電器の使命を果たしていなかったからである。

もう一つ、元社長の谷井昭雄氏がビデオ事業部長を務めていたときの話を紹介したい。谷井氏は一九七二年に同事業部長に就任したものの、当時、ビデオテープレコーダーの市場が未成熟で発展途上のうえ、石油ショックも重なって赤字が続いていた。一九七〇年代前半の段階では、将来への投資ともいえる事業だったので、上層部は多少の赤字には目をつぶってくれるものかと思っていると、ついに幸之助に呼び出される。

「きみ、ビデオはどうや？」と質問され、「がんばっているのですが、赤字です」と返答したところ「そうか、たいへんやな」とねぎらってくれた。ホッとするのも束の間、「きみな、赤字というのは、人間の体で言うたら、血を流してるのと一緒や。体から血が流れっぱなしやったら、どうなる？　死んでしまうわな」と言われる。[7]

いくら再建計画を立て直しても黒字化する見込みがない。ならば理屈抜きで改革を断行するしかない——。谷井氏は販売から、製品開発、人事まですべてにわたって必死の改善に取り組んでいるうち、事業部は一〇カ月後に黒字化した。幸之助から「きみ、ご苦労やな。しばらく面倒見たるからがんばれよ」などと励まされていたら、ずっと黒字化は実現しなかったという。[8]「投資的事業だから赤字はやむをえない」という生半可な気持ちで経営をしていたら、血を流し続ける人間のように、事業部はやがて滅びてしまうし、ひいては会社全体に大きなダメージを与えるのだ。

■「命をかける」ほどの真剣さで「天分を生かし切る」

以上は事業部長のケースだが、幸之助は、従業員であっても、ときに命をかけるほどの厳しさが求められるという。しかし、そのような厳しさは、世の中のために意義あることを実践する際に伴う苦しさや辛さであって、そこを超えたところに真の生きがいが見いだされるとする。この点がよくわかる文例を、少し長いが、二つほど紹介しよう。

「きびしさの中に人間の本当の生き方があるのではないかとも思うのです。お互いが、自分の仕事に命をかける、命をかけて仕事をする、そういう心境を味わっていくところに、自分の使命、生きがいというものを感じるのではないかと思うのです。

みなさんが今、産業人の一人として立っておられるとするなら、みなさんはその産業人の一人として命をかけた仕事をしておられるでしょうか。ただその日その日を無為にすごしている、単なる労働をしているというのではなく、自分の仕事に産業人として命をかけるのだという考えをもっているかどうか、ということです。私はみなさんはおもちになっていると思います。が、それをさらに徹底してもち、そこに生きがいを感じることが大切だと思うのです[9]」

「われわれは日常、何気なく〝命がけ〟という言葉を口にするようであるが、とにかく何か事をなすに際しては、いわゆる命をかけるような真剣さというか、精魂こめた態度こそ必要なのではなかろうか。

しかし、これほど言うは易くして行うに難いことはないかも知れない。けれども、それがいかにささいな事であるにしろ、このような態度をもってのぞむということは、必要であると思う。このような心構えで事にのぞむという考え方が必要だと思うのである。

これは、いいかえると人間として生きる以上、やはり何か一つくらいは、命をかけるほどの真剣さで打ち込むものがなければ、ある意味では、その人の人生は非常に淋しいものであるといえるのではなかろうか。

従って、たとえばサラリーマンとして会社に勤務する以上は、やはりみずからに与えられた仕事の意義をわきまえ、そこにたゆみなき責任感を抱いて、打ち込むことが望ましいと思うのである。
このような態度から、私はおのずとその人の道がひらけてこようかと思う。これは結局は仕事の成果となってあらわれ、会社の発展となり、ひいてはわが国の繁栄へと連なってゆくと思うのである」[10]

以上の二つの引用文について、昭和の古い価値観を述べているにすぎないと、批判的にとらえる向きもあるだろう。かつての「モーレツ社員」や「企業戦士」の姿が思い浮かばれる。現代で会社の上司が部下に向かって幸之助と同様の発言をしたら、パワハラであると指摘される可能性もある。幸之助は明治生まれの人間で、戦争の時代を生き抜き、戦後も大きな困難を経験したことから、厳しさが人を育てるという意識が多分に強いことは否定できない。

ただ、幸之助の世界観の次元に降り立って考えれば、「命をかける」の「命」に対する見方が一般とは異なることに注意されたい。本書でこれまでにも述べたように、幸之助にとっての「命」とは「生命力」のことである。幸之助によれば、人間にはそれぞれ、「宇宙根源の力」によって個別に与えられた生命力を生かしていく、すなわち天分や天命に生きることが求められている。そして、「お互い人間というものは、自分の天分、持ち味を生かし切るとき、初めてほんとうの生きがいや幸せというものが味わえる」[11]と述べているように、天分を「生かし切る」までに生かすことで初めて生きがいが生まれてくるというのだ。「生かし切る」とは、「命をかける」、あるいは幸之助の別の表現を用いれば「使命に殉ずる」[12]ことである。幸之助からみれば、事業部長の二人は、天分をまだ生かし切っていなかったのだ。

二　敗戦直後の仏教に対する期待と落胆

■「諸行無常は生成発展」と訴えた幸之助

幸之助は「生きがい」という言葉を好んで用いた。特に一九七四年刊の著作『社員稼業』に掲載の「一話　生きがいをどうつかむか」、一九八九年刊の著作『人間としての成功』に掲載の「第一章　生きがいをもって」において、自身の「生きがい」論を展開している。神谷美恵子の一九六六年の著作『生きがいについて』がきっかけとされる「生きがい」論の流行[13]も背景にあると思われるが、それ以前から幸之助は「生きがい」について関心を抱いていた。特に戦後のPHP研究において、人間の「生きがい」といった精神的テーマについては、宗教に期待を寄せていた。この世で充実した「生きがい」を得るにはどうすればよいか、宗教がそのヒントを与えてくれるものだと考えていたようである。

ところが、とりわけ既成宗教、特に仏教は、幸之助の期待していたイメージとは異なっていた。そのことが一九四九年九月発表の「PHPのことば　その二〇　生成発展」の文章にうかがえる。

「老舗は古いほど良い、しかし看板は時とともにいつも新しくなければならないと思うのであります。

このことは、たとえば仏教というものについても言えるのではないかと思います。仏教の真理は永遠に変わらない立派なものでありますが、その教化の方法、生かし方は時代と共に変わらなければならないのであります。お釈迦さまは〝諸行無常〟ということを説かれました。この教えは、一般には〝世ははかないものだ〟という意に解釈されています。そこには深い意味はあると思いますが、そのような解釈をすることによって、現世を否定するようになり、生きる気力をなくしてしまうようであれば、これはお互いの繁栄、平和、幸福の上に非常に大きな問題だと思うのであります。私はそのように解釈してはいけないのではないかと思います。〝諸行〟とは〝万物〟ということであり、〝無常〟とは〝流転〟ということであります。すなわち、諸行無常とは、万物流転、生成発展ということなのであります。言い換えますとお釈迦さまは、日に新たでなければならないぞ、ということを教えられたのだと思うのであります。

ところが今日の仏教界は、いろいろ努力されておられると思いますが、なお、古い老舗のみを誇って、その生かし方や教化の方法に日に新たなところが少ないと思うのであります[14]」

このような主張をした背景には次のようなことがあった。幸之助は、京都の東本願寺（真宗大谷派）に行き、二〇〇人ほどの僧侶の前で、諸行無常は生成発展のことであると力説したという。敗戦後に社会が大きく変わったのに昔と同じことばかり説いているのではなく、今の困難な現実に人々が直面していることを考えて教化すべきだと訴えた。ところが、僧侶から何の質問もなく、反応は極めて薄く、幸之助は落胆したようである[15]。

■生死観を究めることが仏教の本義なのか

一方、同じ京都の西本願寺（浄土真宗本願寺派[16]）では、次のような会話を交したと述べている。

「法主さんに、『今、物がなくってみんな困難な状態である。このときに本願寺が立って、物を与えることはできなくても、精神的に安心を与える教化活動をやらないといかんと思う。私はPHPの研究、運動というものを、この先どうなるか分からんけれども、分からんなりにこのままではいかんと思うてやっているんや』という話をしたんです、法主さんの部屋へ行って。

そうしたら法主さんは、『いや、よく分かりました。よく分かりましたけれども、実は宗教は生死観を究めることが根本だ。むろん現在の世相を救うという仕事も大事だけれども、生死観を究めたら、現在の物情騒然とした世の中というのは治まってくるんだ』ということを言われた。

それで、それ以上問答してもしかたがないから、『そうですか。私は電器屋ですから電器の仕事をしているけれども、いろいろ問題があるので、多少自分でも感ずるところがあって、分からないながらも、きょうあなたのほうのお坊さんに集まってもらって、自分の所信を訴えたんです。あとであなたにお会いすることができたので、こういうときにこそ本願寺が巷へ立って叫んでもらわないといかん、ということを申しあげたわけですが、あなたのおっしゃるには、仏教というものはそういうものやない、生死観を究めることが仏教の本義だという。そういうむずかしいことは自分はよく分からないけれども、生死観を究めることは大事だとしても、やはり巷へ立って、迷える者を救うてもらうという仕事が重要ではないかと思うんです』という話を、私はたしかしたと思うのです。

そのとき初めて、ああ仏教というものは生死観というものを究めるものなんか、生と死というものは重要な問題で、その生と死というものに対する諦観を与える、悟りを与えるということ、それが仏教の本義なんやなということが分かりました」[17]

幸之助は、みずから始めたＰＨＰの考え方を西本願寺の僧侶に話しに行ったが、法主から「生死観を究めることが仏教の本義だ」と言われ、話がかみ合わなかった。そして幸之助は、東本願寺に行っても西本願寺に行っても、敗戦後の厳しい状況を乗り越え、人々の歓喜にあふれた楽土を建設しようという気概が感じられずに落胆するとともに、あらためてみずからＰＨＰの研究と運動を推進する決意を固めたのである。

■現世志向の幸之助の宗教観

もっとも、こうして話がかみ合わなかったのは、幸之助の宗教観自体に起因する面があると考えられる。

幸之助は「ＰＨＰの原理」の中の「宗教への期待」と題した文章の中で、これまでの宗教は「現世よりも死後の世界を重んじ、物を軽視して、魂、精神の安定を第一とするような説き方をしてきた」と述べたうえで、「心の安心立命を人々に与えたいと願うあまり、経済の尊さを軽視するだけでなく、むしろこれを卑しむような説き方をする場合がかなりあったように思う」とし、それが社会の通念となって物的生活の貧困が生じてしまったのではないかと、既成宗教に対して批判的な見方を示している。

そして、「やはり宗教は、心の安定を与えることをその主眼とはするものの、同時に正当な物欲の培養によって、経済意欲と経済活動とを積極的に進めるよう工夫するということも、併せ考えて、物心一如の真の安定感を与えるように教え導くことが大切ではないかと思う」と主張している。[18] つまり、既成宗教は心の安心立命を人々に与えることに努めているのはわかるものの、この世における経済活動の意義を理解していないために、かえって経済的貧困をもたらし、真の繁栄実現を妨げているのではないかということだ。

既成宗教は異なることを重視していると感じた幸之助は、みずからPHPの研究を通して、経済活動（物）の意義を示し、それを生きがい（心）に高めて、「物心一如の真の繁栄」[19]を実現する道を探究した。

そのプロセスをたとえば、会社の社員を例にして図式的に示せば、「社員がそれぞれの生命力（天分）を生かす」→「衆知に高める」→「事業によって社会の繁栄に貢献する」→「宇宙の生成発展に寄与する」→「個々の社員にとって生きがい（人間としての成功）となる」――といった具合に表現することもできるだろう。

この図式に従えば、人間個々人の「生きがい」にとって大切なのは、まずは「それぞれの生命力（天分）を生かす」ことである。特に経営や仕事の文脈においては、「命をかける」という表現で、真剣に取り組むことの意義が強調された。

もっとも、その結果として「生きがい」を感じることができるはずだという見方は、現実の人々にはなかなか理解されないものである。[20]幸之助は、なぜそこに「生きがい」があるのか、原理的に考察しなければならないと考え、死生観、特に死後観の探究へと向かう。死を正しく理解することによって、この世で生きることの意義、すなわち「生きがい」が深くわかるというのだ。生死観を究めるのが仏教の本義だと聞かされたときには疑問を覚えたものの、幸之助自身も結局はその問題に立ち入ることになる。

三　「根源」に溶け込む死後の霊魂について

■現世での「生」のために死後を考える

個々の人間に与えられる生命力には始めと終わりがある。まずはそのことについてしっかりと認識すべきだと幸之助は言う。

「霊魂の存在を考えますのも、何も死後に極楽や地獄があるのかないのかを知りたいためではなく、先ずこの現世における繁栄を実現するためであります。即ち私たち人間がこの世において真に繁栄・平和・幸福をきずくためには、どうしても先ず、お互人間に与えられている生命力というものを正しく認識し、その始めと終りがどのような形であるのかを究めなければならないのであります。（中略）つまり生死の問題がここで検討されなければならないのであります[21]」

ここで幸之助の用いている「霊魂」は、「生命力」と同義である、あるいは「生命力」の中核を構成するものである。幸之助が「霊魂」について語らざるをえない「真意」「本音」は、右の引用に続く、人の死に関しての文章に表れている。

「人間の生死、特にその死については、昔からいろいろの研究が行われております。しかしながらその研究の殆どが、死後の霊魂はどうなるかということを考えているのであります。（中略）しかも、昔の人はこれを非常に重視し、その日常生活の大部分がこの死後の霊魂がどうなるかということによって大きく規制されておりました。すなわち、いわば来世の魂の救いを求め、その観点から日常生活を組立てていたのであります。

（中略）私たちの日常生活の中には、例えば、悪い霊がついているとか、誰々の執念の働きだとか、いろいろの形で、意識的にも無意識のうちにも、深くこうした考えが食入っているのであります。そこで繁栄・平和・幸福を実現するために、私たち人間の、今までのこうした通念から生ずる実生活を再検討し、生活の在り方を改善してゆこうとしますならば、どうしても一応、この死後の霊魂はどうなるのかという問題を、ここで改めて検討しなければならないということになるのであります」[22]

つまり、死後の世界や来世に対する見方が現世における人々の価値観や意識を左右する面があるとし、なぜ現世で真の繁栄を実現すべきなのか、そのことを生命力の終わった死後の視点から逆に検討すべきだというのだ。換言すれば、死後に対する見方が誤っていると、現世の繁栄、平和、幸福の実現を目指すＰＨＰの活動が阻害されかねないということも示唆している。

■「一から出て、また一に帰ってゆく」

幸之助には特段の他界観がない。天国も地獄もない。「宇宙根源の力」から分出した「生命力」は、それをまとった肉体の死後、「宇宙根源の力」に戻ると信じていた。「生命力は宇宙根源の力から出たものでありますから、その帰るところもまた根源の力であります。すなわち、一から出て、また一に帰ってゆくのであります」[23]。

この「一から出て一に帰る」とは具体的に、どのようなイメージなのか。

「さて、人間の生命力は、その死によって宇宙根源の力に帰ってゆくと申しましたが、帰るというのはどういうことかといいますと、宇宙根源の力に帰納一体化するということでありますす。宇宙根源の力と全く一つのものになってしまうのであります。このことを言い換えますと、宇宙根源の力は、人間の肉体が形づくられますと、それに生命力を与え、その肉体の働きが止ると共に、再びその生命力を自分の中に吸収一体化してゆくのであります。そして、絶えず新しい生命力を与えつつ、また帰ってくる生命力を吸収し、一体化しつつあるのであります。

このように、人間の生命力は、その死と共に宇宙根源の力に帰納一体化し、永遠にその中にとけこんでゆくのであります[24]」

「一」とは「宇宙根源の力」であり、死とともにその人の「生命力」は元の「宇宙根源の力」に溶け込むのである。すなわち、「生命力」はなくならないが、その個性は消滅する。「生命力」を「霊魂」に換言するならば、霊魂不滅の見方は支持するけれども、霊魂の永続的な個別性については否定している。

仏教式の葬儀が多い日本において、幸之助の死後観は一風変わっているようにみえるけれども、例外ではないことは確かである。たとえば、現世での幸福を求め、来世に救いを求める傾向の薄い近代日本の新宗教には、人間の生命を宇宙大生命に由来するものとし、死後は再び宇宙大生命に回帰するという死生観が、比較的共通してみられる。[25]

この世と人々の繁栄、平和、幸福の実現を求めることを第一義とした幸之助もまた、来世救済を追求する見方には否定的で、人間の生命力はただ、永遠の宇宙大生命たる「宇宙根源の力」から分岐し、死ぬとそこに帰納すると考えたのである。

■日本の宗教史にみられる霊魂帰一観

さらにいえば、宇宙の根源や大生命に溶け込むという死後観は、近代以前からもみられる。相良亨によれば、死後に宇宙に帰するという観念は、死後に過酷な世界を想定するのではなく、死に安らぎを覚えるという日本人の伝統的（少なくとも近世以来の）見方を表現しているという。[26]

また、松長有慶によると、東アジアの大乗仏教、特に密教においてはそもそも、人は死後に永遠の宇宙生命に帰一するという死生観をとっている。[27]奈良時代の華厳哲学にみる「一即多、多即一」という表現に端的に示されるように、現象世界の多と絶対世界の一とは相即関係にあるという。[28]つまり、現実の個々の生命は永遠絶対たる宇宙生命の現れであり、本来は一つのものであるとされる。死後に宇宙の大生命や根源に帰一するという見方は、広く日本の民俗宗教や中国渡来の大乗仏教の伝統の中に由来するものなのであろう。

岸本英夫は「生死観四態」において、死後観を、①肉体的生命の存続を希求するもの、②死後における生命の永存を信ずるもの、③自己の生命を、それに代る限りなき生命に托するもの、④現実の生活の中に永遠の生命を感得するもの――の四つに類型化した。[29]

このうち②についての節（「死後における生命の永存」）において、基本的には伝統宗教にみられる死後観であるものの、科学的思考が広がる中で懐疑的ながらもなお来世観を持とうとするものとして、「あるものは個的な霊魂の存在に納得し得ず、宇宙に遍満する大生命の存在を信ずる。死によって個我を脱した場合に、自己の生命は普遍的な宇宙生命の中に溶け込んで行くと考える」と述べ、宇宙の大生命に帰一する見方もあることを一例としてあげている。[30]この一例はまさに、幸之助の死後に対する見方と重なるものであり、岸本の分類に従えば、幸之助の死後観は、伝統的であると同時に、近代的であるとも解釈できる。

なお、幸之助は人間の生命力（霊魂）の個別性は死後において消滅するものの、現世における活動の功績や業績は記録や伝承として残り続けるとしており、幸之助の死後観は③の要素も併せ持っているといえるのかもしれない。

いずれにせよ、幸之助の霊魂帰一観は現代日本人の死後観の中では特異な側面があるものの、歴史的にみれば、それほど特異ではないとも理解できるのである。

▩加藤大観――同居もした真言宗僧侶の影響を受けたか

幸之助の霊魂帰一観の背景について、次に、幸之助と戦前から直接に交流のあった宗教者や教団との関連について考察しよう。[31]まずは真言宗醍醐派の僧侶であった加藤大観の例である。

幸之助が加藤大観に出会ったのは、大正期末か昭和期初めの頃で、そのときは取引先（山本商店）の顧問のようなことをしていたらしい。[32] のちに松下電器の初代の祭祀担当になった人物でもある。幸之助は大観について、『私の行き方 考え方』のほか、『物の見方 考え方』所収の「私の軍師・加藤大観[33]」、『縁、この不思議なるもの』所収の「私の相談役 加藤大観さん[34]」と、それぞれ一章を割いて言及している。幸之助の宗教的背景を理解するには、カギとなる人物の一人だ。

幸之助は大観について、「三年ほど京都に僕の家あったんですが、そこで二階にね、仏壇祀ってね。で、そこで三年ほど一緒に暮らしてた。その間にどんどん話してね。ぼくの話は商売の話でしょう。加藤先生は宗教の話ですな。それをいつも交互にやっとるんですな」と語っている。[35] また、「私の軍師・加藤大観」の中でも、以下のように述べている（引用中の「先生」は加藤大観）。

「ちょうど私はからだが弱かったので、養生がてら、京都でものを考えたいと思って家を建てておったので、その家に、庵にあった仏壇などそっくり持ってきて、二階に仏間をつくり、先生夫妻を迎えたのである。昭和十二年十二月のことであった。

爾来、昭和二十七年まで、十五、六年間、加藤さんは私の健康と会社の発展のために朝に厳浄、夕に厳浄を二時間ずつ唱えてくれた。私は京都にいる間、一緒に暮した。京都を引き揚げて西宮に家を建ててからは会社の方に来てもらい、戦争中はまた同じ社宅に寝起きした。先生は八十四歳でなくなるまで、一貫してそれを続けた」[36]

これらの記述によれば、幸之助は少なくとも二年ほど、大観と同居し、宗教などについて話をしていた。それゆえ大観の宗派である真言宗醍醐派の教えの何らかの部分は、幸之助にとって身近なものであったと想像される。真言宗醍醐派は、仏教宗派のなかでも特に、修験道と密接な関係を持つ。

修験道とは、その研究で知られる宮家準によると、「日本古来の山岳信仰が外来の密教・道教・儒教などの影響のもとに、平安時代末に至って一つの宗教体系を作りあげたもの」であり、「特定教祖の教説にもとづく創唱宗教とは違って、山岳修行による超自然力の獲得と、その力を用いて呪術宗教的な活動を行なうことを旨とする実践的な儀礼中心の宗教」である。[37]

端的にいうと、山岳修行をし、加持祈禱なども行なう、山伏の宗教だ。仏教が日本に導入される以前からその原始的形態が存在していた。平安時代以降、最澄（比叡山、天台）や空海（高野山、真言）といった密教僧たちの山岳修行に始まり、修験道が密教化することで、特に密教系仏教の宗派に多くの修験者が属するようになる。[38]そして時代は下り、真言宗のなかでも醍醐派が特に、修験教団となった。

幸之助も、醍醐寺の月刊誌に寄稿した文章の中で大観に言及する際、「修験道」という言葉を用いている。

「この人（加藤大観）は病気のため足腰を悪くし、医者にもかかり、いろいろと治療を施したが快くならないので、信仰の道に入って醍醐寺修験道場で加持祈禱をうけるとともに、信心一筋に御仏に平癒を祈念された。その結果やがて悪かった足腰も癒え、加藤さんは欣喜雀躍するとともに、深く感謝して期するところがあって、引続き修験道の僧籍に入られた。従っていわゆる職業的なお坊さんでないだけに、誠心誠意信仰に打ち込んで多勢の人々を救ってこられたのであった[39]」

大観は、僧侶ではあるが修験道の影響もあって、外に出て人々のために加持祈禱や運命判断（四柱推命）に力を入れる人物であった。権威ぶったり超然としたりしておらず、人々に寄り添うその姿勢が、「寝食を共にした」幸之助と波長が合ったのかもしれない。

大観は幸之助の家に住むあいだ、よく宗教の話をしたというから、総本尊である大日如来についても当然、話が及んだことだろう。幸之助は宇宙万物の生命力の大元を「宇宙根源の力」と呼んだが、それは宇宙大生命の根源たる大日如来のイメージが背景にあった可能性は否定できない。実際、幸之助自身、大観の話には、賛成するかどうかは別として、興味を持って聞いていたという。

一般論として真言宗においては、人は死後、大日如来、あるいは大日如来の密厳浄土に帰っていくとされている。いわば幸之助の死生観のように、人間の命は宇宙大生命の根源から生まれ出て、死ぬとそこに帰納一体化する。あるいは大観の修験道においては、人の霊は死後、山中の祖霊に一体化するという見方もある。そうしたことから大観との日頃の対話が、死後の個別性は消滅するという幸之助の見方に影響を与えた可能性も考えられる。

■天理教の現世肯定的一元観

もう一つ直接に交流のあった教団として、天理教を取り上げよう。『私の行き方 考え方』によれば、一九三二年に奈良県の天理教を訪問した際、本殿は立派なうえ塵一つなく、多くの信者が喜々として奉仕活動に励んでいるのを目の当たりにし、強烈な印象を受けたという。ただ、幸之助は自分の目で見た天理教の姿には感動を覚えたけれども、その教えについて詳しかったわけではない。一九七七年に天理教の出版物に寄稿した際、「教義などについては深く研究したわけではないから、よくは知らない」と述べている。[40]

それでも、「前の真柱(しんばしら)である中山正善(しょうぜん)さんには親しくしていただき、何度かお目にかかったことがあり、また天理市の本部にうかがったり、案内していただいたこともある」ことから[41]、まったく教えを知らなかったわけでもない。要するに、天理教の聖典あるいはその解説書を読んだことはほとんどないのかもしれないが、天理教関係者との会話を通して教えの一部を頭に入れた可能性はある。

その一例として、みずからの死生観を説明する際、人間の生命は死後、「親元」に帰納一体化すると述べたことがあげられる。「宇宙根源の力」のことを「親元」と表現したのだが、その後に気づいて「親元、親元というたら天理教みたいやな」と発言している。[42]「親元」とは、天理教の「親神」を指す。

宗教学者である村上重良の解釈に従い[43]、天理教の死生観をまとめると、次のようになる。人は親神によって生を与えられ、その身体は親神からの借りものである。一方、死は「出直し」とみなされ、その借りた身体を親神に返すことにすぎず、その魂は親神へと戻り、そしてまた新たな身体を借りて、この世に再生するのである。

幸之助の場合、人間の個別性は完全に死後に失われるとみており、この世に再生するにしても個別の魂自体が残るとは述べていないため、天理教とは異なるが、大生命の根源たる親神に帰るという点では相似している。

天理教では死後観・他界観といった観念が希薄であり、現世で「陽気ぐらし」、つまり明るく幸せな生活を送ることこそ、親神の真意であるとされている。このように現世肯定的である点は、幸之助と同じだ。幸之助自身、天理教の「陽気ぐらし」の教えには非常に共鳴したと述べている。[44]

ちなみに天理教は、先述した真言系修験道と無縁ではない。天理教の始まりとされる、中山みきの最初の「神がかり」は、みきの長男の足の病が思わしくないため、市兵衛という当山派（真言系）の修験者が加持祈禱を行ない、その際にみきが巫女の代理をしていた最中に起こった。みきは市兵衛に対し、それまで頻繁に祈禱を依頼するほど、その呪術的能力を頼りにしていたという。また、明治期に入ってからの一八八〇年、政府の弾圧的な政策のなか教団として公認を目指すため、短期ではあったが、金剛山麓にある地福寺（高野山真言宗）の傘下に、「転輪王講社」として、入ったこともある。真言密教の「大日如来」も天理教の「親神」も、幸之助の「宇宙根源の力」に相当する宇宙大生命の根源という意味では、同じなのである。

四　幸之助にとって最も腑に落ちるものとなった死生観とは

■繁栄は多様な生命力をこの世に発露させてこそ

幸之助は、人は人間として無為に過ごすべきではなく、一つぐらいは命をかけるほどに打ち込めるものがなければならないと説いた。それは、幸之助の人間観に従えば、人間は「宇宙根源の力」から、個人ごとの使命を含む生命力を与えられてこの世に生まれ、その生命力を発揮することが求められているからだ。人間はいわば、「宇宙根源の力」のこの世における使命実現の代行者である。宇宙の生成発展に寄与すべく、みずからの生命力を最大限に生かすことが責務なのだ。

したがって、たとえば企業の経営的立場にある人の場合、その使命として、事業によって社会の繁栄に資することに全力を注ぐべきだということになる。本章の最初に事例としてあげた二人の事業部長が、事業による社会貢献（そのバロメーターとしての黒字化）を幸之助から厳しく求められた背景には、幸之助のこうした人間観が根底にある。

幸之助はもっとも、経営や仕事には、死にたくなるほど苦しくて辛いことがあることもわかっていた。けれども、その苦難を乗り越えて、みずからの生命力を生かし、周囲の人たちとも協働しつつ、与えられた天命の実現に向けて尽力するところに人間としての喜びや生きがいが見いだされると強調した。

ただ、それはこの世における人間の使命に関する話なので、ことさら人間の死後や来世について考察する必要もないはずだ。にもかかわらず幸之助は、死生観を確立する必要があると考えた。なぜならば、誤った宗教観や死後観が、現世の真の繁栄を実現するうえで阻害要因にもなりかねないと思ったからである。死後に天国や地獄に行くのではなく、「宇宙根源の力」に溶け込むのだと説くことで、生命力の個別性はこの世に生きている限りのものであり、だからこそ、その生命力をこの世において発露させねばならないと訴えた。その発露にこそ、人間の生きがいがあるというのである。

とりわけ、文字通りの繁栄をもたらす経営や仕事の文脈でその点が強調された。幸之助は、「事業は人なり」とか「人を大切にする経営」といった表現を通して、人を育成することが企業経営の中核的力になると訴えたが、そこには、どんな人も固有の生命力を持っているのだから、企業における事業や組織もその生命力を生かすことのできる機会や場を与えることに力を入れねばならないというメッセージが込められている。「上司は部下の短所ではなく長所をよくみるべきだ」と幸之助がよく説いていたのも、各人に与えられた固有の生命力を、この世で生かすことが大事であるという見方に立脚している。

このように幸之助は、人間それぞれの生命力の個別性を非常に強調した。ただし同時に、それは個別性の強調にとどまらず、集合体としての人間の多様性を肯定することでもある。個人の視点からみたときは生命力が個々人に異なるかたちで与えられているとみなす半面、その個人同士が協働して衆知を生かすことで、人間は万物の王者としての役割を果たしていくのだという。いわばこの世界全体が、あたかも多様な人材が協力し合って活気が生み出される企業組織のようになってほしいというイメージを、幸之助は抱いていたようである。

世界全体の多様性を保持するには、世界を構成する人間（あるいはそのほかの万物も含めてすべて）が宇宙の生成発展の過程で入れ替わらなければならない。したがって、ある個人が死んだらその個別性の痕跡を残さず、いったん「宇宙根源の力」に溶け込み、そしてまったく違った個性あるいは生物として再びこの世に生まれてくるという見方に落ち着く。宇宙全体の生成発展の流れからみれば、この世には常に個性的な生命力が生まれては消えていくのである。

■なぜ死後の霊魂の個別性に対して否定的だったか

幸之助と同様、経営哲学を積極的に論じた実業家に、前章でも言及した京セラ創業者の稲盛和夫があげられる。稲盛の宇宙観や人間観は幸之助のそれと似ている側面がある一方で、[45]稲盛の場合、宗教的背景（臨済宗妙心寺派）もあってか、死後の魂の個別性を認めている。幸之助も稲盛も俗世での労働には高い価値を置くものの、稲盛は幸之助と異なり、それが魂を磨くことにつながり、より高い次元の魂としてあの世に旅立つことができると説いている。経営理念においても、どちらかといえば、幸之助は社会や国家の繁栄を、稲盛は個人の幸福や人格向上を強調する傾向にあり、宇宙の生成発展を重視する幸之助と個人の魂を磨くことを重視する稲盛の両者の相違が反映されているのかもしれない。

幸之助の見方に従えば、宇宙万物の生成発展という無限広大な時空の流れの中では個人の人生は「点」でしかなく、この世に生のある極めて限られた期間、人間は与えられた天命を自覚し、発揮することに全力を注ぐべきである。この世に生きているまさにその「瞬間」に個性が発揮されることを自覚せよ、と幸之助は説いているのだ。

幸之助が死後の霊魂の個別性を認めなかったまったく別の理由として、非常に現実的な点もあげられることを付け加えておく。それは、幸之助の両親やきょうだいのことである。幸之助が二六歳のときまでに、両親と七人の兄姉全員が亡くなったことはすでに述べた。唯一の息子も生誕後まもなく亡くなった。家族の個々人あるいは松下家に固有の「悪因」「不運」を早世の理由だとする見方をとることは、幸之助にはできなかったであろう。だからこそ、前世または現世における行ないや態度が悪い、先祖供養を怠っている——という類の通俗的な、霊魂の個別性を前提とする因果論には否定的であったのではないか。

企業経営者としての使命感、宇宙観や人間観の探究、現実の身近な人たちの死——そんな複合的な要因により、生命力（霊魂）の個別性は死後に「宇宙根源の力」に溶け込んで一体化するという見方が、幸之助本人の思考の中では最も腑に落ちるものだったのではないかと推察されるのである。

第5章

「期待される人間像」議論への参画

道徳は実利に結びつく

松下幸之助

冊子『道徳は実利に結びつく』の表紙

一　「人づくり」の時代の中で

日本の民主主義は「勝手主義」

幸之助は、個々の人間の知恵には限りがあるため、衆知を集めることの重要性を説いた。衆知を集めるには、多様な人間間の相互交流が必要だ。しかし人間は価値観も多様であるがゆえにかえって相互の理解が進まず、相争ったり、交流せずにバラバラになったりすることもある。衆知を集めて英知に高めていくには、異なる人間同士の交流が円滑に進む「共同生活」の秩序が前提として成立していなければならない。「共同生活」とは端的にいえば、家庭から学校、職場、地域、国家、果ては人間社会全般まで、複数の異なる人から成立する集合体の営みである。[1]

しかし、幸之助の目から見た日本の戦後民主主義は、自由や人権ばかりが強調され、そんな秩序の重要性を忘れたかのようであった。

「私は、真の民主主義というものは非常に戒律のきびしいものだと思います。民主主義には、自分を愛するごとく人を愛するというか、人の欲するものをわれも欲するというだけではなくて、われの欲するものを人にも与えるというところがあると思うのです。

それがあって初めて民主主義というものが成り立つのであって、民主主義は勝手なことをしてよいというものではありません。（中略）

ところが今日の日本の民主主義は、いわば勝手主義である、勝手主義が民主主義であるかのごとく解釈している人があるのではないかという感じがするのです[2]」

この「勝手主義」を改めるための方策の一つとして、幸之助は教育の見直しが必要だと考えた。「事業は人なり」「物をつくる前に人をつくる」などと強調していたように、幸之助はかねてから社内の従業員教育には力を入れていたが、国が豊かになっても青少年の非行や犯罪が後を絶たない現実を前に、広く日本の教育に関する自身の見解を発信すべきだと考えたようだ。その後押しとなったのが、池田勇人首相の政策である。

「国づくり」の要としての「人づくり」政策

幸之助が企業における人材育成の重要性を強調していたことは、自身の著作や発言を通して今日でも広く知られている。ただ、その内容がたんなる主義主張ではなく、ある程度体系化された持論に練り上げられたのは、幸之助が会長に退いた一九六一年以降のことだと思われる。たとえば、共に『実業之日本』誌の連載をまとめた一九六〇年刊の『仕事の夢 暮しの夢』と一九六三年刊の『物の見方 考え方』を比べると、後者のほうが明らかに人や教育に関するまとまった文章が多い。

その背景の一つには、当時の池田勇人首相が掲げた「人づくり」の方針が社会的に注目されたことがある。池田といえば「国民所得倍増計画」で知られるが、一九六二年七月に発足した第二次池田第二次改造内閣では、経済政策から文教政策まで、「人づくり」を「国づくり」の基軸とすることが方針とされた。

「人づくり」とは、池田自身によれば、「徳性を涵養し、祖国を愛する心情を養い、時代の進運に必要な知識と技術とを身につけ、わが国の繁栄と世界平和の増進に寄与しうる、より立派な日本人をつくりあげること」（同年八月一〇日の所信表明演説より）である。「徳性を涵養し、祖国を愛する心情を養い」は道徳教育の強化を、「時代の進運に必要な知識と技術とを身につけ」は能力開発の促進を示唆している。

今では「人づくり」という言葉は広く用いられているけれども、池田が流行語にしたことで普及した面がある。幸之助は早速、この「人づくり」政策にかかわることになった。同年一一月に池田首相の私的諮問機関「人つくり懇談会」の委員に加わったのだ。

それに伴い、幸之助は積極的にメディアに登場し、人づくりに関して発言するようになる。たとえば、『読売新聞』（一九六三年一月一四日付）では、しつけの基本は世界共通であって、日本でも理想的人間像を明確に打ち出すべきだとし、『毎日新聞』（一九六三年一月二三日付）では、知識や才能は道具であって、それらを駆使する人間性を高めることが人づくりの要諦だと述べている。

また、『ＰＨＰ』誌に「こどもを躾ける」（一九六三年一月号）、そして「三つの『生徒守則』」（同年三月号）を相次いで寄稿した。しかし、幸之助が「人つくり懇談会」に積極的にコミットしたという記録はなく、懇談会自体も当初ほど社会的に注目されることがなくなった（同懇談会は一九六四年に池田首相退陣に伴い廃止）。

とはいえ、「人づくり」政策自体が後退したわけではなく、能力開発については、「人つくり懇談会」に先立って、池田は経済審議会に「人的能力政策の基本的方向」を諮問する。同審議会は一九六〇年にすでに、「経済政策の一環として、人的能力の向上を図る必要」[3]を強調し、「国民所得倍増計画」を答申していた。経済計画で教育を重視することは、教育を経済学の方法で考察する「教育経済学」の影響が背景にある。教育サービスを「人的資本への投資」とみなし、経済成長に対するその投資効果などを研究する学問だ。

アメリカでは以前から、この「教育経済学」の知見が、教育政策よりもむしろ軍事政策の一環として、教育の現場に導入されていた。冷戦下の一九五七年、アメリカは人工衛星打ち上げでソ連に先を越され、科学技術は世界一と信じていた国民のあいだに動揺が広がる。アメリカ政府は翌五八年、東側に負けない次世代技術者養成のため、教育経済学の考え方にもとづき、数学教育の強化をはじめ様々な人的能力の開発政策を打ち出したのである。

こうしたことから日本でも、「国民所得倍増計画」閣議決定後の一九六一年四月、経済審議会が人的能力部会を設け、一九六三年一月一四日、「経済発展における人的能力開発の課題と対策」を池田首相に答申した。同答申は、「人的能力を労働力として考え、これを経済発展との関連で検討することを主眼とし」、学歴や年功といった属性で判断しない「能力主義の徹底」を求めている。[4]

一方、教育については本家の文部省も一九六二年一一月、教育白書「日本の成長と教育」を発表した。「教育の展開と経済の発達」という副題をつけたこの白書は、「教育投資論」を大胆に展開している。こうした教育経済学的アプローチは、文部省の白書としては前例がなく、教育界はじめ各方面に議論を巻き起こした。

■公衆道徳・青少年犯罪が問題とされた時代

一方、「人づくり」の精神面である道徳教育については、日教組と教育基本法に対する批判で知られた荒木萬壽夫(ますお)文相による一九六二年一〇月の諮問に、教育課程審議会が一九六三年七月一一日に「学校における道徳教育の充実方策について」を答申した。

この答申では、「教師用の指導資料をできるだけ豊富に提供し、資料には各種の指導方法を解説して示す」としている。戦後の義務教育における道徳教育は一九五八年に「特設」の時間として復活したが、「教科」でないこともあり、指導内容は現場の教師の裁量に任されていた。その結果、現場が混乱しているという声があがり、荒木文相の望む「教科書」ではなく、「教師用の指導資料」をつくるべきだと答申したのである。

文部省はこの答申にもとづき、一九六四年から六六年にかけて、小学校、中学校の学年別に、『道徳の指導資料』を編集し、教師用として各学校に配付した。そしてその中学生版には、幸之助の公徳心についての文章が掲載される。[5]

当時、道徳教育の強化を政府が推進した背景には、たんに保守主義政治家の要請にとどまらず、現実の社会問題がある。日本は目覚ましい経済発展の一方で、国民の公衆道徳・社会道徳の乱れが目に余り、一九六四年の東京オリンピック開催が近づくにつれ、日本は海外から「文明国」「文化国家」といわれるような国にならなければいけないという議論がメディアでも高まっていた。さらに、青少年の犯罪や非行が増え、家庭のしつけや学校教育のあり方が問題視されていた。

読売新聞社が一九六二年一〇月に実施した全国世論調査（同年一一月一日付紙面）では、池田首相の「道徳を重んじ、祖国や民族を愛する国民を育てることに重点をおいた〝人づくり〟」について四二パーセントが「賛成」と答え（反対一五パーセント）、「これからの日本人には、どんな心がけや態度が必要」であるかの問いには、四二パーセントが「公徳心、道徳、礼儀、親孝行、義理人情、宗教心」の項目を選んでおり、圧倒的に高い比率である（二番目に高い項目「戦争反対や平和」が二五パーセント）。

また、朝日新聞社が同年一二月に実施した全国世論調査（一九六三年一月一日付紙面）によれば、「いまの日本人は公徳心がある方だとおもいますか」の質問に対して「そうは思わぬ」の回答者が五九パーセント（逆の「ある方だ」は一九パーセント）。学歴別では高学歴者ほど、職業別ではサラリーマン、性年齢別では男性三〇代が、「そうは思わぬ」と回答した比率が高かったという。

こうしたなか、一九六三年六月、荒木文相が今度は、中央教育審議会（会長：森戸辰男）に「後期中等教育の拡充整備について」を諮問する。「後期中等教育」とは、高校段階の教育に相当するが、当時は義務制ではない高校への進学者が急増する半面、どの教育機関にも属さない一五～一七歳の者（大半は勤労者）が三割にも上っていた。

諮問事項は「期待される人間像」と「後期中等教育のあり方」の二つに分類される。前者を第十九特別委員会（主査：高坂正顕）、後者を第二十特別委員会（主査：平塚益徳）が担うことになった。特に前者は、池田首相の「人づくり」政策を受けて、道徳教育の目安となるような人間像の具体化を目指すとされた。国が理想的な日本人像を明示すべきだとかねてから主張していた幸之助は、一九六三年九月から一九六六年一〇月まで、第十九特別委の臨時委員を務めることになる。

第十九特別委は、「人つくり懇談会」よりもはるかに大きな注目を集め、「期待される〇〇像」は流行語にもなった。特に一九六五年一月の中間草案は発表後、大反響を呼んで数十万部が印刷され、全国各地で「人間像」をめぐる集会が頻繁に開かれたという。文部省が、メディアで表明された二〇〇〇に及ぶ意見、および中教審に直接寄せられた意見のうち四〇〇について分析したところ、肯定的見解と否定的見解がそれぞれ三〇パーセントずつであった（同年一二月六日開催の第十九特別委会合における報告より）。

■なぜ臨時委員に就任したか

幸之助が第十九特別委の臨時委員に就任したのは、一九六三年九月九日に第一回会合が開かれたあとの、同月一七日である。臨時委員を依頼された背景については、以上の「人づくり」政策に関する一連の流れと幸之助の発言から不自然ではないものの、筆者は詳細を把握していない。

初出席した第四回会合（同年一二月九日）の議事速記録によると[6]、「大体私はこういう委員会にふさわしくない人間と思うんです、ほんとうは。それで実はお断りしたのでありますけれども、ぜひということで、別に出席しなくても文書で出せばそれでいいんだからというようなことでありますから、重ねてのおすすめでございましたので、お受けをいたしたような次第でございます」と述べている。普段から多忙なだけに、依頼を受けても、会合参加がむずかしいと判断していたのだろう。特に翌六四年から不況が深刻化し、当時松下電器会長の幸之助は、同年八月から半年ほど、営業本部長代行としてみずから販売制度改革の陣頭指揮をとるほどの大変な時期だった。実際に幸之助が出席したのは、筆者が確認した限りでは、第四回、第八回、第一〇回、第一三回の会合にとどまっている。その代わり、自身の意見書を何度かにわたって提出している。

幸之助に対する臨時委員要請については、当時中教審会長であった森戸辰男との関係も影響したのかもしれない。幸之助が臨時委員を務めている最中の一九六四年八月、当時七五歳の森戸は四八歳の松下電器の教育訓練部婦人福祉課長の溝淵冨仁と再婚している（溝淵は結婚により退社）。溝淵は松下電器の求めにより中途採用された女性社員で、幸之助も社内の講話で溝淵の名に触れたこともあり[7]、有能な人材だったようだ。幸之助が、池田首相の私的諮問機関「人つくり懇談会」の委員を務めていたことに加えて、森戸中教審会長と顔見知りの関係にあったとすれば、臨時委員を頼まれることに一定の道理はある。

臨時委員に就任した企業経営者は、「人間尊重」「大家族主義」の経営で知られる出光佐三

（出光興産創業者）と、幸之助だった。この人事については、一九六三年一〇月一四日付の『京都新聞』が、「こんど任命された四人の臨時委員のうち出光、松下両氏が産業界のチャンピオンであることを重視し、中教審全体が〝産業界奉仕ムード〟に傾くことを警戒する空気がでている」と書いている。しかし思想的には、両者が当時の産業界を代表していたとはいいがたい。両者とも、「人づくり」にかけては熱心な経営者であった一方で、とりわけ日本の伝統精神を重んじ、徳育を重視する面が強かった。

また、月刊誌『ＰＨＰ』を発行していたことも、幸之助への臨時委員依頼に関係していたのかもしれない。一九六三年当時、同誌の購読者は松下電器グループの関係者が多く、まだ三万部程度の部数であったが、一部の学校では道徳教材として利用されていたようだ。先述した文部省の『道徳の指導資料』には、幸之助の文章のほか、『ＰＨＰ』誌掲載の文章もいくつか採用されている。『道徳の指導資料』作成の実務にあたっていた教育関係者が次のように述べている。

「作業は実に困難を極めた。（中略）各委員が足を棒のようにして、書店をあさり、また自分の蔵書、学校の図書館、はては国会図書館へ通ったりして、これはと思う資料を片端から収集する。月に二回ほどの編集委員会へ、そのコピーが提出される。すると約三十点ほどの資料があっても、まずクレームがつかずに通過するものはせいぜい二、三点といったような状態で、まことに難航をきわめた。（中略）作業が次第に困難の度を加えたある時、委員長の古川（哲史）先生から、このＰＨＰが紹介されたのである。（中略）このような事情で、第一集の中学三年生用には、はからずもＰＨＰ誌より二篇が採用されることとなったのである」[8]

このように、現場の教育関係者の『ＰＨＰ』誌に対する認知度はそれほど高くはなかったものの、日本倫理思想史研究者で東大教授の古川哲史は『ＰＨＰ』誌の内容を知っていた。なお、右の引用の出典である『道徳と教育』の「とびらのことば」（巻頭言に相当）にＦという匿名の人物が、「『ＰＨＰ』という雑誌は、十年このかた寄贈を受けて愛読している」という書き出しで文章を寄せている。このＦはひょっとすると古川であるのかもしれない。

その理由は、同文章中で「わたくしは数年前、文部省の道徳教育資料編さんに当たった際、『ＰＨＰ』から二、三のトピックを選んだことがあった。そのうちの『足袋の季節』という中江良夫氏の文章は、いくつかの学校の教室でとりあげられている実際をもくげきし」と述べているからだ（同誌からの採用作品は、中江良夫「足袋の季節」と北條誠「井戸ばたの煙」）。

古川と同じ和辻哲郎門下の倫理学者である勝部真長（みたけ）がＰＨＰに関する対談の中で[9]、道徳教育が大事であると主張している人物ほど、自分では片手間程度にしかやらないずるさがあるという趣旨の発言をしている。しかし幸之助は道徳教育を本気でやろうとしており、広告宣

◆中央教育審議会第十九特別委員会委員（肩書きは当時）

森戸辰男	（中教審会長、日本育英会会長）
木下一雄	（中教審副会長、東京学芸大名誉教授）
天野貞祐	（独協大学学長）
大河内一男	（東京大学学長）
久留島秀三郎	（同和鉱業相談役）
高坂正顕	（第十九特別委主査、東京学芸大学学長）
高橋雄豺	（読売新聞社顧問）
高村象平	（慶大教授）
平塚益徳	（第二十特別委主査、国立教育研究所所長）
諸井貫一	（秩父セメント社長）
出光佐三	（出光興産社長、臨時委員）
坂西志保	（評論家、臨時委員）
大佛次郎	（作家、臨時委員、途中から出席拒否）
松下幸之助	（松下電器産業会長、臨時委員）

（註）特定期間のみ就任した委員は、大佛次郎氏を除き割愛した。

伝におカネをかけて『ＰＨＰ』誌の普及に努め、（高みに立った道徳論者ぶらず）道徳と実利を結びつけることをいとわない庶民的魅力もあるという。

勝部は戦前の『キング』や『主婦之友』といった一〇〇万部を超える国民的雑誌が庶民道徳を重視していたことに言及し、『ＰＨＰ』誌をそれと重ね合わせている。

二 政府「人間像」委員会で持論を展開

■第十九特別委に提出した意見

第十九特別委において、幸之助は企業経営者として特に青少年勤労者に向けた意見を期待されたのかもしれないが、幸之助の提出した意見書の内容は、従来から展開してきた抽象的な一般論であった。幸之助は、一九六五年一月の中間草案発表までに、自身の見解を、意見書の「その六」で要約している。

「まず期待される人間像を考えるにあたっては、それが人間としての普遍性を基盤に、国民性と時代性を充分に加味して考えねばならないこと。

つぎに、やや具体的な姿として、現代のわが国において期待される人物は、高い知識技能と健康な身体を持つことと同時に、人間としての豊かな徳性を身に備え、しかも自らの特性を生かして生きる人であること。

第三に、徳育を効果的におこなうには、ある程度徳目を明確にしておかねばならないと思うが、その徳目の基本には、宇宙の真理に正しく順応してゆく態度(仮称　順義)というか、いわば大義に生きるといった元徳があり、その元徳にもとづいて個々の徳目が考えられてくるのではないかということ。
第四に、個々の徳目が順義にかなっているかどうかは、お互いに素直な心になって判断することが大切であるが、これは結局は自他ともの繁栄、平和、幸福をもたらすものであるかどうかによって判定すればよいのではないかということ」

さらに、この参考意見「その六」において新たに次の点を加えている。

「これ（期待される人間像）をいわゆる理想像として考えるというだけではなく、その姿を実際に教えしつけてゆかねばならないということであります」（カッコ内は筆者補足。以下引用内のカッコも同じ）

幸之助が第十九特別委に提出した参考意見の内容は、基本的には本人がすでに公に述べてきたことでもある。「第三」の点である「順義」「元徳」といった語の利用については特有であるものの、考え方としては本書でも紹介してきた宇宙観や人間観に準じているといえよう。以上の幸之助の見解を、「その五」までの意見書の内容等を踏まえて、箇条書きに列挙してみよう。

①人間のあるべき共通の姿（普遍性）を明確にしたうえで国民性（日本の伝統・習慣）と時代性（現代）を加味する。

②教育が知育（知識と技能を習得する）と体育（健康な身体を養う）に偏っているが、徳育

（人間としてのあるべき道を教え、それを実践する生活態度を養う）が最も大事である。

③一切の徳目の基本には元徳・大徳がある。それは宇宙の真理・大自然の法則に順応しようとする心である。根本の義に従うことであるから「順義」ともいえる（順義＝元徳・大徳）。「順義」に生きることが人間生活の基本。個々の徳目がいくら大切に思えても、「順義」にもとるのであれば意味がない（たとえば、戦争の正当化に徳目が利用されるなど）。

④お互い人間の繁栄、平和、幸福をもたらしているかどうかが、個々の徳目が「順義」にかなっているかどうかの判定基準である。その判定にあたっては、私心にとらわれない「素直な心」が求められる。

⑤そもそも教え導かなければ「期待される人間像」の徳性は養われず、しつけや道徳教育の実践に力を入れることが大切だ。

■論議となった「天皇への敬愛の念」

こうした幸之助の意見が中間草案にどれほど採用されたのかは不明である。中間草案（本書一八四頁参照）の「第三章　社会人として」の中の「一　仕事に打ち込む人となれ」などは、幸之助が関心を持ちそうなテーマだが、第十九特別委においては、仕事や労働についてあまり言及していない。

中間草案に幸之助の意見が多少なりとも反映されたと推察されるのは、企業経営とは直接的には関係の薄いテーマである。その第一が、愛国心と天皇に関する見解だ。具体的には、「序論　当面する日本人の課題」の「四　日本の象徴」において、「われわれは祖国日本を敬愛することが、天皇を敬愛することと一つであることを深く考えるべきである」と記されている。

中間草案に関する国民の意見について、文部省の集計によると、最も多い批判は、この「祖国日本を敬愛することが、天皇を敬愛することと一つ」に関することであった。[11] 愛国心についてはその重要性を認める人は多かった半面、それを天皇とリンクさせることについて批判が集まったのである。しかし賛成意見も根強かったとみられ、一九六六年一〇月、中教審から当時の有田喜一文相への答申（本書一八五頁参照）において、「第四章　国民として」の中に「一　正しい愛国心をもつこと」「二　象徴に敬愛の念をもつこと」と、さらに独立した項目として取り上げられる。なかでも「二　象徴に敬愛の念をもつこと」の文言は次のようになった。

「日本国を愛するものが、日本国の象徴を愛するということは、論理上当然である。

天皇への敬愛の念をつきつめていけば、それは日本国への敬愛の念に通ずる。けだし日本国の象徴たる天皇を敬愛することは、その実体たる日本国を敬愛することに通ずるからである」

第十九特別委の委員の平均年齢が当時六九歳であったことから、週刊誌などが明治人の「期待される人間像」だと揶揄しており、[12]また政府の方針も相まって、愛国心や天皇敬愛を重んじることにあまり抵抗感がなかったのかもしれない。けれども、第十九特別委主査の高坂正顕は、愛国心について、日本を愛するに値する国にしようという「向上的愛国心」を主張しており、[13]積極的に自身の見解を中間草案と最終報告（一九六六年九月）に盛り込んだとは思われない。

第十九特別委において、愛国心や天皇についてとりわけ肯定的な見解を示していたのは、久留島（くるしま）秀三郎、出光佐三、幸之助の三名の企業経営者である。当時の高坂正顕の主査としての任務について、息子の高坂節三は、「委員の意をくむことに特に苦労していました。あちこちから電話が入り、切ると『ムチャを言うのもいるわ』と言っていた。議論になった四章（「第四章　国民として」）部分も出光佐三さん、松下幸之助さんら経済界の委員の意をくんだ面もあったのかと思います」と証言している。[14]

実際、幸之助はどのような見解を提示していたのだろうか。国民の中間草案への批判に対して、一九六六年一月一七日付の意見書の中で次のように回答している。

「草案の内容につきましては、たとえば『祖国愛と天皇を敬愛することは別であり、また天皇への敬愛を規範化すべきではない』という意見がありますが、たしかに祖国愛そのものと天皇敬愛とは、厳密に考えますとかならずしも同じものではないと存じます。けれどもわれわれが、天皇を日本国の象徴としている限り、天皇を敬愛することは日本を愛することに通じる点もありますし、ともかく私は、天皇を敬愛することと祖国を愛することとは共に強調していくことが望ましいと思います。また、天皇敬愛ということは国民個々の相互愛と同じように、規範化しても別に差し支えないと存じます」

「ともかく私は」「規範化しても別に差し支えない」という表現にみられるように、幸之助にとって天皇敬愛は、疑問の余地なきことだった。もっとも、愛国心と天皇敬愛を重視したのは、第十九特別委の三人の企業経営者に固有であったというわけではない。戦後の道徳教育書の出発点といわれる『国民実践要領』の著者である、元文相の天野貞祐といった有力委員も、愛国心や天皇敬愛に関する記述に影響を与えたと推測される（同書の草稿作成には高坂正顕も協力したとされる）。

▒「自他相愛の精神」による「愛国心」「愛社心」

さて、天皇の問題は別として、幸之助にとって愛国心は、イデオロギー上の国家主義というよりは、「人づくり」にとって重要なことだった。その根底には、「自分を愛するように他人を愛する、自国を愛するように他国を愛する（中略）『自他相愛』の道徳」[15]がある。幸之助の人間観に従えば、本書でも繰り返し述べてきたように、人間は一人でやれることには限界がある。人々が互いに衆知を集めることで、国家であろうと、会社であろうと、「共同生活」の向上を実現していかなければ、自己の繁栄や幸福もありえない。すなわち幸之助にとって、「愛国心」と「愛社心」とのあいだに理屈上の相違はなく、自己を愛するごとく他者を愛する精神がなければ、国家や会社などの「共同生活」の発展は望めないとする。業界の共存共栄を強調したことも、同様の理屈である。

一九六一年一二月、幸之助は松下電器の若手社員（寮生）に対して、次のように語っている。

「今日、愛社心であるとか、愛国心であるとかいうことが、あまりやかましくいわれなくなりました。しかし愛社心、愛国心なくして、会社が、国が、ほんとうに力強く発展することはないと思うのです。今、発展しつつある国を見ても、全部、国民は愛国心を持っています。その愛国心によって国が強固に守られている。そしてそこから安定的な繁栄が生まれていま す。ただ、その愛国心が、同時に隣人愛に広がっていくということが必要だと私は思います。自分の身体は大事だから大事にする、そういう心持ちで隣の人も大事にしてあげる、ということに広がっていく。隣の人は大事だけれども、自分は粗末にしていいのだということは成り立たないと思います。それといっしょだと思うのです。

（中略）どうかひとつ、公の機関と考えられる内容を持ってきた松下電器の社員諸君は、（中略）総合の知恵才覚、努力によって会社の使命を遂行していただきたい、こう念願する次第です」[16]

松下電器が一九三三年に制定した「遵奉すべき五精神」（のちに「七精神」）の第一は、「産業報国の精神」である。戦前のためか国家への奉仕が重視されたが、戦後になっても国家国民の繁栄に資すべきだという理念は変わらなかったし（ブランドもまさに「ナショナル」）、家庭電化の普及を通じた日本人の豊かな生活は、まさにその理念によって実現していったといっても過言ではないだろう。その根底には、幸之助が社員に対して、「共同生活」の向上に貢献するという意味での「愛国心」や「愛社心」を涵養することに努めた面もあったのではないかと思われる。

■「道徳」の根底に「宗教」は必要か

愛国心と天皇敬愛のほかに、宗教に関心の強い幸之助はひょっとすると、宗教的情操の涵養の提言にも関与した可能性はある。宗教的情操とは、答申の表現を用いれば「生命の根源に対して畏敬の念をもつこと」である。

もっとも、幸之助自身が委員会の議論において、宗教的情操の必要性を積極的に訴えていたわけではない。その役割は、どちらかといえば文化人や知識人であった。たとえば、第二十特別委主査の平塚益徳[17]、作家の大佛次郎[18]、元文部事務次官の内藤誉三郎[19]が、西洋ではキリスト教の伝統が道徳的基盤としての機能を果たしているものの、戦後日本にはそのようなものが欠如していることを指摘している。

一方、企業経営者の出光佐三は、福岡県の宗像大社を崇敬し、その復興に貢献したことで知られるが、出光の発言によれば[20]、日本の神の道は祖先を祀ることであって、キリスト教や仏教のような宗教とは異なる。祖先を神々として祀るという日本独特のものだとする。同じ経営者の久留島秀三郎も、出光の意見に同調している。ただ、両経営者の意見は、西洋の宗教を念頭に置いた文化人や知識人の議論とうまくかみ合っていない。

また、主査の高坂正顕は、宗教哲学の伝統のある京都学派の哲学者であることもあってか、後述するように、独自の見解を持っていた。

中間草案における宗教的情操にかかわる文言は、「第一章　個人として」の最後の項目「六　幸福な人間であれ」の中にみられる。

「われわれはお互いに幸福な人間でありたい。幸福な人間となるためには、経済的、政治的な条件が整えられる必要があることはもとよりである。しかしそれよりもいっそうたいせつなのは心構えであり、心のもち方である。そしてそれは感謝と畏敬の念である。（中略）

またわれわれは生命の根源に対して、畏敬の念をいだくべきである。われわれは自ら自己の生命を生んだのではない。われわれの生命の根源には父母の生命があり、民族の生命があり、人類の生命があり、宇宙の生命がある。（中略）このような生命の根源に対する畏敬の念が真の宗教的情操であり、人間の尊厳と愛もそれに基づき、真の幸福もそれに基づく。
しかもそのことはわれわれに天地を通じて一貫する道があることを自覚させ、われわれに人間としての使命を悟らせる。その使命により、われわれは真に自主独立の気魄をもつことができるのである」

一見すると、宇宙万物の生命の根源である「宇宙根源の力」に対して感謝と敬愛を表していた幸之助の考え方に通じている。しかし、幸之助自身は第十九特別委において、生命の根源としての「宇宙根源の力」には言及していない。ただ、参考意見の「その四」において、「お互い人間は、この宇宙の真理によって人間としての特質が与えられ、宇宙の秩序のもとに生成発展することが許されていると思うのであります」と記しており、間接的には、中間草案に示されている「宇宙の生命」が根源にあることが示唆されている。

答申においては、この「宇宙の生命」という言葉が削除された。答申における宗教的情操にかかわる箇所は、「第一章　個人として」の最後の項目「五　畏敬の念をもつこと」である。「以上に述べてきたさまざまなことに対し、その根底に人間として重要な一つのことがある。

それは生命の根源に対して畏敬の念をもつことである。（中略）すべての宗教的情操は、生命の根源に由来する。われわれはみずから自己の生命をうんだのではない。われわれの生命の根源には父母の生命があり、民族の生命があり、人類の生命がある。（中略）このような生命の根源すなわち聖なるものに対する畏敬の念が真の宗教的情操であり、人間の尊厳と愛もそれに基づき、深い感謝の念もそこからわき、真の幸福もそれに基づく。（以下、中間草案に同じ）」

この項目は、宗教的情操を道徳教育に関連する公的文書に戦後初めて盛り込んだものとして、「期待される人間像」の中でも関心を集めてきた。そしてこの「畏敬の念」は、高坂正顕の見方を反映しているのではないかという解釈が提示されてきた。[21]「生命の根源に対する畏敬の念」と表現していることから、「生の哲学」の系譜にあるニーチェやベルクソンらに影響を一部受けている京都学派の哲学が背景にあるとみられるからだ。

高坂自身も、（一九六〇年代当時の）哲学の主潮流に「マルクス主義」「生の哲学」「実存主義」の三つがあるとしたうえで、「人間像」についての考察を主に「生の哲学」と「実存主義」に依拠して説明している。[22]そして、近代が神を殺し、人間の理性を過信するゆがんだ人間中心主義に陥ったことから今日の危機があると主張している。[23]

けれども、中間草案や最終報告が高坂の執筆になるものとはいえ、その内容は高坂個人の一存で決まるはずもなく、その他の委員の意見も踏まえてできあがったものだとみるのが自然だろう。

幸之助は道徳の前に、宗教の必要性を明確に考えていた。それは次の文章からも明らかである。

「人倫や道徳は大事なことですが、それにもまして宇宙の心に応ずるところの心構えを確立することが根本ではないかと思います。宗教的背景のない道徳は、いわば人間同士の約束のようなものですから、それぞれの状況や気質によって、不安定な場合もあります。それをさらに一歩進めて、お互いが道徳を守り愉快な生活をすることができるのは、もっと大きな力によるのだと考えたときに、道徳よりもさらに大きな確信をもって生きてゆけると思います。この根源的なものが確立すると、人倫や道徳は、そこからおのずと盛り上がってくるのであります[24]」

道徳は、状況次第で不安定になることもあるという。おそらく戦時中の道徳教育が念頭にあるのだろう。根底に宗教がないから、道徳が〝悪用〟されると考えていた。しかし幸之助にしてみれば、そもそも人間に「宇宙根源の力」によって生かされているという自覚、そして繁栄、平和、幸福の実現に向けた使命が与えられているという自覚があれば、それぞれに正義を振りかざしながら人間同士が相争うようなことはないと信じていたのである。

「期待される人間像」中間草案(1965年1月11日)の構成

序論　当面する日本人の課題

　一　人間像の分裂と第一の要請

　　第一の要請：人間性を高めつつ、人間能力を開発せよ

　二　民族性の忘却と第二の要請

　　第二の要請：世界に開かれた日本人であれ

　三　民主主義の未成熟と第三の要請

　　第三の要請：健全な民主主義を樹立せよ

　四　日本の象徴

本論　期待される人間像

　第一章　個人として

　　一　自由であれ

　　二　個性を伸ばせ

　　三　正しく自己を愛する人となれ

　　四　頼もしい人となれ

　　五　建設的な人間であれ

　　六　幸福な人間であれ

　第二章　家庭人として

　　一　家庭を愛の場とせよ

　　二　開かれた家庭であれ

　　三　家庭をいこいの場とせよ

　　四　家庭を教育の場とせよ

　第三章　社会人として

　　一　仕事に打ち込む人となれ

　　二　機械を支配する人となれ

　　三　大衆文化、消費文化におぼれるな

　　四　社会規範、社会秩序を重んじる人となれ

　第四章　日本人として

　　一　正しく日本を愛する人となれ

　　二　心豊かな日本人であれ

　　三　美しい日本人であれ

　　四　たくましい日本人であれ

　　五　風格ある日本人となれ

中教審答申「後期中等教育の拡充整備について」(1966年10月31日) 別記 「期待される人間像」の構成

まえがき
第一部　当面する日本人の課題
　一　現代文明の特色と第一の要請
　二　今日の国際情勢と第二の要請
　三　日本のあり方と第三の要請
第二部　日本人にとくに期待されるもの
　第一章　個人として
　　一　自由であること
　　二　個性を伸ばすこと
　　三　自己をたいせつにすること
　　四　強い意志をもつこと
　　五　畏敬の念をもつこと
　第二章　家庭人として
　　一　家庭を愛の場とすること
　　二　家庭をいこいの場とすること
　　三　家庭を教育の場とすること
　　四　開かれた家庭とすること
　第三章　社会人として
　　一　仕事に打ち込むこと
　　二　社会福祉に寄与すること
　　三　創造的であること
　　四　社会規範を重んずること
　第四章　国民として
　　一　正しい愛国心をもつこと
　　二　象徴に敬愛の念をもつこと
　　三　すぐれた国民性を伸ばすこと

三　道徳は実利を生む

■知育、体育、徳育のバランス論

幸之助は「人つくり懇談会」や中教審第十九特別委にメンバーとして加わったことで、社会から「人づくり」に関する発言を、従来よりも求められるようになった。そして本章の最初にも述べたように、そのことがかえって、「人づくり」についての自身の考え方を整理するきっかけになったと思われる。

一九五〇年代以前の幸之助の「人づくり」に関する見方は、一九四八年一〇月発表の「PHPのことば　その一〇　教育の大本」におおよそまとめられている。その要点を列挙しよう。[25]

①教育とは人間をつくること、すなわち人間性を高めることである。
②そのためには知情意の調和と育成が大切だ。
③学問技芸を教えるだけでは不十分であり、正しい生き方を体得させるしつけが大事。
④知ったこと（知識）を実行（実践）できるようにすべきだ。

また、道徳に関連する見解は、一九五〇年五月発表の「PHPのことば　その二九　礼の本義」、同年九月発表の「ＰＨＰのことば　その三〇　礼と躾」、同年一〇月発表の「ＰＨＰのことば　その三一　大義の意義」で示されているので、[26] まとめてみよう。

①信仰：素直な心になって宇宙根源の力に対し感謝と敬意を表すること。
②道徳：素直な心になってお互いに愛し合い、尊敬し合うこと。
③道徳の基準は、信仰の基盤に立てば変化しない。
④しつけとは、天分を伸ばしてやり、本来与えられている生命力を自覚させてやること。
⑤人間の繁栄は、宇宙の秩序（法則）を通じて与えられている。
⑥真理の表れである宇宙の秩序に従って生きることが大義である。
⑦大義に生きることで、繁栄、平和、幸福が生み出される。

さて、「教育の大本」で示した四点は一般的にも理解される内容であると思われるが、後半の七点については、幸之助特有の世界観にもとづいており、国民的議論にはなじまない面がある。政府審議会等の委員として主張をするには、社会の人々に通じる説明の仕方を考えなければならなかったはずだ。

幸之助がまず着目したのは、「三つの生徒守則」。「三つ」とは、「ソビエト　生徒守則」、「中共　小学生守則」、そして日本の「小学生徒心得」（明治六年〔一八七三年〕六月文部省正定）である。[27] 文化も経済体制も異なる三つの国の生徒守則の内容に共通面が多いことを根拠に、教育内容やしつけの基本は人類共通であるはずだと主張した。[28]「期待される人間像」の中間草案が発表される前の一九六四年九月に発刊した自著では次のように述べている。

「この実例（三つの生徒守則）をごらんになってわかりますように、少年時のしつけというものは、結局主義主張以前のものだと思うのです。人間として、世界共通の心得として考えるときに、やはり老人をいたわり、弱き者を愛護し、また、父母を尊敬し、かつそれに従うということが、世界共通の人間性に立脚した一つの教えではないかと思うのです。

そういうような基本的な教えから、だんだん長じて成人し、今度は政治とか、主義であるとかいうときになって、どういう主義・方針がいいかということは、人間的な教養の基盤に立って検討すべきものだ、という感じがするのです」[29]

幸之助はこのように、人には世界共通の心得があって、それは主義主張以前のことだから、しつけをきちんとしなければならないという。そして、学校教育においてそのしつけに相当するものとして、徳育を強調する。この点は、「教育の大本」で「知情意の調和」を重視していたことに相当するが、「知情意」という表現が「知育、体育、徳育」[30]に変わった。

第十九特別委の臨時委員を務めていた期間中、『ＰＨＰ』誌に、「徳育は人間の尊厳を教える」（一九六四年三月号）、そして「再び徳育について」（一九六四年八月号）と、二度にわたって徳育をテーマに寄稿している。第十九特別委に提出した意見書「その三」の中でも、次のように主張している。

「知育、徳育、体育のいずれも、人間教育にとって非常に大切なものであると思いますが、なかでも徳育がその中心になるべきものと考えてもよいのではないでしょうか。

その徳育が、昨今のわが国ではどちらかというと敬遠されがちであったというのは、これはまことに遺憾なことでありまして、今後の教育においては、知育、体育と徳育とのバランスを考え、むしろ徳育を中心として人間教育をおこなうことが肝要ではないかと思うのであります」

■「特性」は「徳性」の上に生かされる

幸之助はさらに、人間像の内容についてあれこれ論じるよりも、実践を通して教え導くことが大切だと訴えた。少年時に奉公先で厳しくしつけられ、社会人としての基本を身につけることができたという経験が背景にあったからだろう。意見書の「その六」では以下のように記述している。

「水泳を覚えるのでも、本を読んだだけでは水に浮かないと思うのであります。やはり水の中で手を取って教えられ、時には実際に水も飲みつつ、きびしく練習してゆかなければ、泳げるようにはならないでありましょう。期待される人間像の場合も、これと同じことではないかと思うのであります。

（中略）人間の尊厳とその正しい生き方を身につけるのは、教え導くことによってのみ得られるのだ、という固い信念を持たなければならないと思うのであります。そして、学校をはじめ、家庭や社会においてこのような信念にもとづいたしつけや教育を、一貫しておこなってゆくところに、真に期待される人間像が現実に養われてくるのではなかろうかと、このように思う次第であります」

幸之助は個々の徳目を座学で学ぶことよりも、社会経験を通して体得すべきだと考えていた。松下電器で新入社員の工場実習や販売店実習に力を入れたのも、技能の習得にとどまらず、社会人としての基本姿勢を体験から習得することが重視されていたからである。

もっとも、企業経営者だけあって、徳のある人間をつくればよいと単純に考えていたわけではない。共通の「徳性」に立脚したうえで、各人の「特性」（個人に固有の天分や能力）を生かすべきだと主張している。先に列挙した七点の見解のうち、「④しつけとは、天分を伸ばしてやり、本来与えられている生命力を自覚させてやること」と訴えていたことに対応する。

幸之助にとって「徳性」と「特性」は明確に分離された性質ではない。「自然の理法」に順応した生き方を心がけていれば、両者ともに生かされるというのである。これは、幸之助のいう「⑦大義に生きる」の発展型であり、第十九特別委に提出した意見書「その五」にみられる「順義に生きる」と同義である。

「徳目といい道徳というものは本来そういう（窮屈な）ものではなく、人間に真の自由を与え、正しい秩序のもとに生成発展させるために、すぐれた先人たちが心に思い、形にあらわしてきたものであります。（中略）

真の道徳というか、順義にもとづいたすべての徳目は、いわば人間に実利をもたらすためのものであって、これは決して自らを害うためのものではないと思うのであります。

したがって、お互いに素直な心になって順義にかなった徳目を考え、（中略）人それぞれの特性を充分に発揮せしめるような、いわば型にはめない、巾（はば）広い徳育を力づよくおこなってゆくということが、いま最も肝要ではなかろうか、とかように思う次第であります」（カッコ内筆者補足）

幸之助にとって徳育とは、人間を窮屈な型にはめることではなく、むしろ特性の発揮を促進するものであった。「社会人」としての基本的な徳目を身につけていなければ、多様な個人から成る「共同生活」の秩序が成立せず、それゆえ他者との円滑な相互交流が成立しないことから、個人の特性を発揮する機会も意義も薄れてしまうと考えていたからだ。道徳は結局のところ「人間に実利をもたらす」ことが強調されている。

■反響を呼んだ小冊子『道徳は実利に結びつく』

幸之助が第十九特別委の臨時委員であった期間中、自身の道徳論において最も顕著な発展がみられたのは、この「道徳は実利を生む」というプラグマティックな道徳観である。幸之助は以降、メディアや講演などで実利的道徳論を精力的に訴えた。

ただ、第十九特別委において積極的に受け入れられたとはいいがたく、中間草案に（最終報告にも）その趣旨が採用された形跡は見当たらない。けれども幸之助は、『実業の日本』誌（一九六六年二月一日号）および『PHP』誌（一九六六年二月号）掲載の連載「あたらしい日本・日本の繁栄譜」に論考「道徳は実利に結びつく」を発表し[31]、それを収録した小冊子『道徳は実利に結びつく』（一九六六年四月印刷）を作成して各方面に配付するほど、みずからの主張の普及に力を入れた。

この論考の前半は幸之助の道徳に対する従来の見方がまとめられており、実利的道徳論は後半に展開されている。幸之助はその後半部においてまず、「道徳は精神生活には有意義だが、物的な生活には関係がないのか[32]」と問いかける。そして、交通規則を守るべきだという交通道徳や、支払いの約束期限を守るべきだという商道徳を例にあげ、これらの道徳が順守されなければ、交通事故が増え、取引の信頼性が失われ、結果、物的損害が増え、経済的能率性が下がると説明している。

このように道徳は精神面においてのみならず、物質的な面、すなわち人間の経済生活を左右するのであって、「お互いの徳性が養われ、社会全体に正しい善悪観にもとづいた活動が生まれてくれば」[33]物質的な実利実益をもたらすと主張する。精神と物質の相互作用、すなわち物心一如の見方が道徳論でも貫かれている。

その一方で、権利要求ばかりする自己中心的な日本人が増えている現実を憂い、このままでは物質面すなわち経済の将来が危うくなると警告している。

「昨今のわれわれは、たとえば国に対しても、もっと生活を保障しろとか、人権を認めろとか、職業を与えよとか、そういう要望はするが、しかし自分のほうから国に対して、自分はこのようにサービスするぞ、このように国民の義務を果たしていくぞというようなことは、なかなか言わない。それを言わずして、自分にばかり与えよ与えよと、まるで子どものように叫んでいるのが、今日の日本国民の一つの姿だと思う。これでは、ものを失っていくだけであろう」[34]

精神面のみならず物質面からみても、他者や社会、国家のために貢献するという意識を、教育を通して国民に醸成することが急務であるというのだ。

小冊子が配付されたのは、「期待される人間像」最終報告（一九六六年九月）の前の時期であり、道徳教育に関する議論が活発な頃であった。幸之助はのちに「学校の校長先生から約千通に近い返事がまいりました。（中略）校長先生の手紙の中には、五ページ、六ページに及ぶ感想なり共鳴の手紙がありました」と発言しており[35]、大きな反響があったことを強調している。

「道徳は実利を生む」といったような、精神と経済を結びつけるような考え方自体は、それほど珍しいものではないかもしれない。また、幸之助は学術研究者ではなく、その主張する論拠も強いとはいいがたいだろう。しかし実業家らしく、誰にでも通じる表現を用いて自身の見解を広く普及することに努めた。一九六五年末にＮＨＫ紅白歌合戦に審査員として出演するなど、いわゆる著名人として大きな注目を集めていた頃であり、〝商売人〟らしく、持論を普及するにはよいタイミングであるとも考えたのかもしれない。

■青少年勤労者の「人間形成」教育に果たした役割

もともと政府が後期中等教育の道徳教育に関心を向けた背景の一つには、技術革新の進展と労働力不足により、青少年勤労者に対する労働需要が急激に高まっているという現実があった。その対応のために、多くの企業が研修施設を充実させ、高校あるいは高等教育に進学しない社員のための学校を設立する業界や企業も珍しくなかった。

青少年勤労者に対する企業内教育は、技能面の向上に力点が置かれていたようだが、「人間形成」の面にも注意が向けられていた。それは、共産党と関係する民青（日本民主青年同盟）が青少年勤労者に組織的にアプローチしていることに、多くの企業が苦慮しているからだという見方もあった。[36] 経営者団体である日経連（日本経営者団体連盟）は、青少年勤労者の「人間形成」は企業の社会的責任でもあるとし、自民党政府が「期待される人間像」を具体化することを歓迎していた。

しかし一方で、国家がこれからの理想的な人間像を提示することに対しては上からの押しつけではないかという見方が多かったのも事実であり、「期待される人間像」論議は、文部省が驚くほどの大きな議論を巻き起こす。そうした中で、当時は特に青少年勤労者からの人気が高かった幸之助が、徳育があってこそ個人の特性は発揮されるのであり、しかも経済的実益が得られるのだという主張をしたことは、少なからぬ数の学校長や企業経営者にとって、道徳教育や「人間形成」教育を進めるうえでの後押しになったのではないか。

その後、『ＰＨＰ』誌は一九六八年新年号で五〇万部、一九六九年新年号で一〇〇万部を達成する。池田首相の「人づくり」政策、なかでも「期待される人間像」の策定に関係したことがきっかけで拍車のかかった幸之助のいわば〝人間向上運動〟は、自身の実利的道徳論を経由して、じわじわと広まっていったと、間接的にだが一つの指標として、みることもできよう。

現代では「青少年勤労者」という言葉も聞かれなくなったが、「事業は人なり」「物をつくる前に人をつくる」という幸之助の言葉を今なお耳にすることの多い背景には、一九六〇年代を通じた幸之助の「徳性」と「特性」を重視する「人づくり」論の深化があったのではないかと考えられるのである。

一方、幸之助の道徳論議への参画は、戦後に探究した抽象的で宗教的ともいえる人間観を、いわば現実の戦後日本社会に具体化していく試みであったとも解釈できる。

ＰＨＰの研究や運動を始めた頃の日本は経済的に疲弊していたが、経済成長が進んで豊かになると、人々が天分を発揮する自由が「共同生活」の中で成立するための秩序や遵法意識が緩んでいると幸之助は感じた。そこで、「宇宙根源の力」のような神的存在についての発言は（おそらく宗教的であり過ぎて）控えたものの、多様な徳目の大元として「元徳」「大徳」「順義」といった表現を用いつつ、それに基づく秩序があればこそ、個々人の本来の「特性」が自他相愛の精神によっていかんなく発揮され、繁栄への道がひらかれることを説いたのである。しかしその意図は、前章の幸之助の死生観にみられたように、「宇宙根源の力」による人間の多様な生命力の発露にあったと筆者は考える。

◆「期待される人間像」(中間草案発表)(1965年1月)までの松下幸之助の教育に関する主な発言(1962年以降)および関連事項

年	月	題名	掲載紙誌等	主な内容
62	7	私の学校教育論	実業之日本(7月1日号)	学歴のバランスが大切、大卒をよしとするような風潮はよくない
	8	池田首相が所信表明演説で「人づくり」に注力と決意表明(10日)		
	9	文部省が「人づくり文教政策要綱案」を策定(22日)		
	10	荒木文相が教育課程審議会に「学校における道徳教育の充実方策について」を諮問(5日)		
		高坂正顕「人間らしい人間」(『PHP』10月号)		
	11	文部省が教育白書「日本の成長と教育」を発表(5日)		
	12	池田首相「人つくり懇談会」設置、幸之助も委員に		
63	1	こどもを躾ける	PHP(1月号)	ソ連の「生徒守則」、青少年の犯罪増加はおとなの責任
		天野貞祐「自己を愛する道」(『PHP』1月号)		
		経済審議会人的能力部会が「経済発展における人的能力開発の課題と対策」を池田首相に答申(14日)		
		こどもを育てる	読売新聞(14日)	ソ連・中国の「生徒守則」、体制を問わず人間のしつけは共通、教育勅語のような「生徒守則」に相当するものが今の日本に欠けている、青少年の犯罪増加はおとなの責任
		私の人づくり	毎日新聞(22日)	人間そのものを高めなければ知識も才能も役立たない、知識は体験によって生かされる、ソ連の「生徒守則」、人間のしつけは体制の相違以前の問題
	3	三つの「生徒守則」	PHP(3月号)	日本には人間的しつけの型が必要、明治の「小学生徒心得」
	6	荒木文相が中教審に「後期中等教育の拡充整備について」を諮問(24日)		
	7	教育課程審議会が「学校における道徳教育の充実方策について」を答申		
	8	総理と語る	NHKテレビ(29日)	「庶民の立場でお話願いたい」、経済成長だけでなく徳育も必要、人つくりは国是に準ずる、ソ連・中国の「生徒守則」、人間教育は体制の相違以前の問題
		「期待される人間像」について中教審第十九特別委の第1回会合(9日)		
		文部省が幸之助を中教審第十九特別委の臨時委員に発令(17日)		
64	1	天野貞祐「こういう人にわたしはなりたい」(『PHP』1月号)		
		教育に想う	小学校長会(19日)	教師には権威が必要、第一義的な人間教育よりも第二義的な知育を重視しているのはおかしい、戦前の道徳は不道徳、道徳教育の必要性を堂々と言うべき
	2	文部省が「道徳の指導資料」発表(1日)、幸之助の文章や作家らによる『PHP』誌掲載の文章が教材に		
	3	徳育は人間の尊厳を教える	PHP(3月号)	知育・体育に比べ遅れている徳育、誤っていた戦前の道徳教育、真の道徳教育は人間の尊厳を教える、「人間の普遍的本質にもとづいた真の道徳観を打ち樹てることが肝要」
		こころを育てる	中等教育資料(3月号)	知育・体育が進む一方、徳育が遅れている。戦前の道徳教育が戦争と関係したからと言って、道徳そのものを否定することにはならない
	8	再び徳育について	PHP(8月号)	知育と体育に加え徳育がなければ教育として十分とはいえない、戦前の日本に真の道徳はなかった、徳育を軽んじているから青少年の犯罪増加や公徳心の欠如を生んでいる
	10	東京オリンピック		
65	1	「安かろう良かろう」の教育を	PHP(1月号)	「本来日本人は非常に優秀な民族だと思う。根性もあり頭も良く勤勉である」、教育者は毅然たる態度で子どもを教え導くべき、教育の目的は人間そのものを育てることであり二義的な知識・技術教育を重視しているのはおかしい
		天野貞祐「新日本への教育の道」、大河内一男「日本人に望むもの」、森戸辰男「真の愛国心を」(『PHP』1月号)		
		中教審第十九特別委が「期待される人間像」の中間草案を発表(11日)		
	12	高坂正顕「人間に対する信頼」(『PHP』12月号)		
66	2	「道徳は実利に結びつく」(『実業の日本』2月1日号、『PHP』2月号)		
	10	中教審答申「後期中等教育の拡充整備について」の別記「期待される人間像」(31日)		

補論

幸之助の「商道」が生み出された時代背景

「商道」の額を贈呈する幸之助
（京滋・北陸店会謝恩会にて、1968年）

一　近代日本のメディア言説から考える

■「実利実益」論と「伝統精神」論の交差

前章で取り上げた「期待される人間像」をめぐる論議で、幸之助は道徳教育の強化を訴えた。その大きな理由の一つは、道徳、とりわけ公衆道徳や社会道徳に欠けていれば社会経済活動が非効率となってコストもかさみ、結局は個人にデメリットとなって跳ね返ってくるという、実業家らしい見方だ。逆にいえば、人々に道徳心や自他相愛の精神があれば「共同生活」の向上発展につながり、人々自身に物心両面で実益をもたらすという、実利的道徳論が幸之助の主張のベースになっている。

しかし、幸之助は実利実益の面ばかりを根拠にして道徳強化を訴えていたわけではない。たとえば、天皇敬愛を全面的に支持していたことからもみられるように、日本の伝統精神、あるいは戦前によく使われ、幸之助も好んで用いた語「日本精神」の復興も大事なことだと考えていた。実際晩年の一九八二年に、日本の天皇制や伝統精神について自身の考えをまとめた『日本の伝統精神　日本と日本人について』を出版している。

幸之助にとっての道徳とは、それゆえ、実利実益論と伝統精神論が交差した観念である。

それは、幸之助個人にとっては、おそらく道徳一般であるというよりも、幸之助のアイデンティティーでもある「商売人」が体得すべき「商道」であるといってもいいだろう。「商道」とは、一九六八年に松下電器が創業五〇周年を迎えた際、販売店を対象とした全国各地の謝恩会で、「商道」の揮毫（きごう）の額を贈るほど、幸之助が大切にしていた精神だ。その額に添えられた手紙には次のように書かれている。

「およそ世の中の諸事万般には、それぞれ極めるべき『道』というものがございます。たとえば、王道あり、武士道あり、あるいはまた茶道というように、それぞれの立場で、その奥義を極めるための厳しい心構えが必要とされております。私どもの『商道』も、道こそ違え、窮極とするところは、何ら異なるものではない、と確信するのでございます。

私もまた、この道を歩み始めて本年でちょうど五〇年、その間『商売は公事にして私事ではない、常に公の心を持って、商売大切にその道をつくすところに、国家繁栄、自他共栄の基がある』ということを私なりに考えつつ、努めてまいりました。

けれども、未だにその奥義を極めるどころか、ますます道遠きを知り、そこに計り知れぬものを覚えるとともに、私自身、さらに精進を重ねなければならないと、反省させられている次第でございます。

このような私の心境を筆に託しましたのが、この『商道』の額でございます」[1]

商売は公事であり、国家繁栄の基であるという。したがって、実利実益を求める商売をするにも、「公の心」――愛国心も含めて――を涵養することが大切だとしている。

私(自分自身、自社)よりも公(国家、社会)を重視するこうした幸之助の商売観の背景については、近世の石門心学や近江商人の影響を指摘する議論を耳にすることがあるものの、何か直接的な関係性があるというエビデンスを目にしたことはない。幸之助が独立したのは大正時代である。資本主義化が進んだ激変の明治時代を飛び越えて、近世の商業道徳がダイレクトに影響を与えたとは考えづらい。幸之助の「商道」の背景を理解するには、やはり明治から大正にかけて、いかなる商業道徳が普及していたのか、少なくともそのあたりを知っておく必要はあるだろう。

この「補論」では、近代日本における商業道徳をめぐる議論に焦点を当てながら、最後に、どのような考え方が幸之助の商売や経営に対する見方の中に反映されていったのか、検討してみたい。

■『実業之日本』を愛読していた?

さて、「商業道徳をめぐる議論」といっても、幸之助が接したのは、専門的な学術的議論ではなく、巷の話題や、自身が経営や商売の体験を通して得た気づきなどであったであろう。

たとえば、商売が単純に私益の最大化を目指すものでないと理解したのは、少年期の丁稚奉公の頃に金儲けだけではない商売の意義を感得したことや、創業後に納税の意味を考え抜き、会社の金は国家からの預かりものであると認識したことなどによるものだろう。[2]また幸之助は、自転車の電池ランプの取引先であった山本商店の山本武信から経営者としての責任感や潔さを学ぶ一方で、フォードの本を読んで社会的な事業観を知ったなどとも述べている。[3]こうした身近なところから、幸之助の「商道」の基礎が固まっていったと思われる。

もっとも、先述したように、幸之助の「商道」観の形成は、本人が意識したかどうかにかかわらず、その時代に求められた商業道徳の反映であるといった側面もある。明治期から海外との貿易が急速に拡大し、日清・日露の両戦争をへて、「世界の中の日本」「欧米先進国と比較した日本」を意識せざるをえなかった時代であり、幸之助の「国家」や「日本精神」の重視も、その時代の商業道徳とかかわっていたはずだ。

ただ、それは一般論としては理解できるものの、その内実が具体的にどのようなものだったのか、幸之助をめぐる議論において語られたことはほとんどない。この小論では便宜上、新聞や雑誌などの活字メディア、特に実業之日本社発行の『実業之日本』誌におけるいくつかの象徴的な記事に焦点を当てながら、明治後期から昭和初期にかけての商業道徳論の具体例をみてみたい。

『実業之日本』誌に着目する理由は第一に、幸之助自身が同誌について、「私は少年時代からの愛読者」と発言しているからだ。[4] 同社の創業七〇周年記念祝賀会での発言なので、リップサービスの面もあるかもしれないが、特定の愛読書名や誌名をあげるのは極めて珍しいことである。本当に愛読していたのかどうかは不明であるものの、少なくとも他の経済誌に比べれば、幸之助にとって身近な雑誌であったことが推察される。

第二に、同誌は幸之助に限らず、商業関係者のあいだで広く読まれていたからだ。大正末から昭和初めにかけての読者調査の結果によると、[5] 旧制高等商業学校・商業大学の学生や商業徒弟に人気があったという。また、出版の検閲機関でもあった内務省警保局によると、一九二七年一一月末時点の発行部数が六万部と、雑誌としては相対的に上位、経済誌の中ではトップ級だった（次頁の表）。

第三に、「商道」の「道」にかかわる点である。当時の経済誌は一般に、実務家の求める経済情報や政策論を扱う傾向にある一方で、「道」のような精神性の高いトピックはどちらかといえばマイナーだった。しかし実業之日本社は、一九〇二年に翻訳出版したアンドリュー・カーネギーの『実業の帝国』が大ヒットしたのを機に、一八九七年に創刊していた『実業之日本』誌の編集方針を変え、実業家の成功談などを通して処世の道を説くことに力を入れ始めている。

◆1927年の雑誌部数の例

誌　名	部　数
キング	300,000
改 造	100,000
文藝春秋	70,000
実業之日本	60,000
エコノミスト	35,000
中央公論	20,000
東洋経済新報	5,800*

(注) 11月末の概数。ただし『東洋経済新報』は10月初週号。
(出所) 内務省警保局編(1979)『新聞雑誌社特秘調査』大正出版。東洋経済新報社百年史刊行委員会編(1996)『東洋経済新報社百年史』東洋経済新報社。

さらに一九〇九年、当時第一高等学校長で、『武士道』の著者として知られる新渡戸稲造を編集顧問に迎えたことで、同誌は精神修養や人格向上に関するテーマにも力を入れていった(新渡戸は一九一二年に顧問を辞任)。この点も、同誌を考察対象とする理由の一つである。

二 商業道徳の「武士道」化

■国民道徳と「日本主義」

幸之助が好んで用いた「商道」という言葉は、明治中期から昭和初期にかけての『実業之日本』誌ほか、当時の新聞記事を調べると[6]、珍しくはないけれども一般的な表現ではなかった。以下のような関連表現もよく使われている。

商業道徳／商業的道徳／商業思想／実業道徳／実業思想／実業哲学／士魂商才

なかでも一般的に用いられている表現は「商業道徳」である。これは明治期に設立された商業学校の科目名や外国文献の翻訳語と関連しているのかもしれない。

次に、「商道」及びこれら関連表現が具体的にどのような文脈で用いられたのかを理解するために、同一記事内でよく使われた語も併せて列挙してみよう。

国民道徳／国民精神／公徳心／日本主義／儒教主義／士族の商法／武士道／尚武気性／

素町人根性／一獲万金／成金思想／贅六／国家／公共／信用／独立

「活字メディアにおいては」という条件付きであるものの、商業道徳と国民道徳が不可分の関係にあったことがみてとれる。先述したように、開国による貿易の増大や、日清・日露の両戦争での〝勝利〟により、「西洋に追いつく日本」「東洋の〝先進国〟日本」という意識が高まっていったことが背景にあると考えられる。具体的には、商業道徳の「日本主義」化や「武士道」化だ。

「日本主義」は、行きすぎた欧化政策の反動として台頭してきた。日本には固有の道徳的精神の伝統があり、その伝統精神を明治日本の国民道徳の基盤にすべきだという立場である。一八九五年の日清戦争での勝利、そしてその後の三国干渉が、この「日本主義」を勢いづけた。一八九七年に大日本協会が雑誌『日本主義』を発刊したり、文芸評論家・思想家の高山樗牛（ちょぎゅう）が日本主義を唱えたりしたことでスローガン化したという[7]。

また明治期には、「士魂商才」に言及する記事も珍しくない。一八七六年の禄制廃止により、旧武士階級であった士族が生活のために始めた商売が「士族の商法」と揶揄されたことからもわかるように、「商才」も大切だと指摘された。しかし筆者が明治中期以降の記事をみた限りでは、逆に「素町人根性」の抜けない商人に対して、国際貿易の拡大に伴い海外からモラルの低さが指摘されるようになり、「士魂」も重要であると説かれる場合のほうが目立つ。

「所謂武士道」の流行

やがて「日本主義」や「士魂商才」の言説は、武士道の流行に巻き込まれていく。日清戦争の勝利は日本軍人の尚武気性にありといわれてからまもない一八九九年、新渡戸稲造が英文で『武士道』を出版、武士道の伝統精神化のきっかけをつくった(邦訳は一九〇八年刊)。

それまで「武士道」は、言葉としては存在していたものの、一般的に用いられる語ではなかったようだ。新渡戸自身、約三〇年後に出版当時を回顧して、「武士道」という言葉は世の中では使われていなかったとし、イギリスの日本研究者チェンバーレンも聞いたことがないと述べていたと強調している。[8] チェンバーレンは、東京帝国大学のイギリス人教師B・H・チェンバレンのことで、そもそも「武士道」なる語を辞書に見いだすことができず、外国人に説明するための造語ではないのかと指摘していた。[9] 実際、明治期の新聞記事には、「所謂武士道」と、「所謂」をつけて表記されていた事実からも、そのことがうかがえる。新渡戸の著作出版後、「所謂」がつくことも次第に減っていった。

新渡戸は必ずしも武士道の専門研究者ではない。ただ、武家で生まれ育った経験から、「武士道」と称せるような道徳規範をまとめることができるとし、それを海外に向けて発信したのである。欧米先進国に日本人の美徳を理解してもらいたいという新渡戸の願望が背景にあったと思われ、その美徳なるものは「武士道」とは銘打っているものの、基本的には自身の信仰するキリスト教の価値観に則したものだったともいわれる。けれども日本国内に対しては、武士道が国民の伝統精神としてスポットライトを浴びることになった。

新渡戸の英文の『武士道』出版後、先述の大日本協会にかかわっていた、東京帝大教授で哲学者の井上哲次郎が同書の文献的欠如などを批判し、みずから近世以前の文献を編纂した『武士道叢書』全三巻（有馬祐政との共編）を、一九〇五年に、新渡戸の『武士道』邦訳出版前に刊行した。井上の武士道解釈もまた、後年になって批判されるのではあるが、当時は日清戦争後という時代の雰囲気も相まって、武士道が日本国民の伝統精神であるという認識が、いつしか日本人のあいだで共有されていったのである。

そうしたなか、一九〇五年の六月から七月にかけて『東京朝日新聞』が、駐日イギリス領事を務めたジョセフ・H・ロングフォードが『コンテンポラリーレビュー』誌に寄稿した論考「日本の商業的道徳」[10]の邦訳を四回にわたって掲載した。そこには「武士的根性は商人の仲間にまで普及するに至らず（中略）外国同業者の信用を得る能わず」「軍人のみならず商人にも武士道を注入すべき」などの文言がみられ、海外で評判の芳しくない日本商人は武士道によって商業道徳を身につけるべきだと主張しているのがわかる。

外国人のロングフォードが武士道を好意的にとらえていることが興味深い。新渡戸の英文書の海外における認知度の高さがうかがえる。そしてその新渡戸が、一九〇九年に実業之日本社の編集顧問に就任。『実業之日本』誌において、日本人のあるべき商業道徳を武士道と結びつける論説がみられるようになる。

浮田和民の「大正の新商道」

その典型例が、同誌に常連の寄稿者だった浮田和民による記事である。浮田は実業家ではなく政治学者であったが、新渡戸と同じく武家に生まれ、若い頃にキリスト教に入信し、アメリカ留学の経験があり、実業界への理解も深かった。一九一七年、その浮田が同誌（第二〇巻第一号）に「大正の新商道」と題した連載を始める。「商道」とは、商法（あきない）を武士道にたとえた語だという。

浮田はその連載中に「武士道と商道」というテーマで講演を行なった（実業之日本社記念大講演会）[11]。それによると、日本の武士道の精神と欧米の実業家の精神は、基本的に同じである。そしてその精神は、今日の日本の商人にも求められるという。「真個武士の精神のある者は、時勢が変わり、境遇が変わり、ソロバンを握り、ゼニ勘定をする時には立派な商売人になると思う」と主張し、商業道徳の武士道化を訴えた。

浮田によると、武士道で最も大切なのは「勇気」と「忠義」、そしてこの二つの結果として生まれる「名誉」の三徳だという。さらに商道にも、対応する三徳が存在するという。それは、「忍耐」と「正直」、そしてこの二つの結果として生まれる「信用」の三つの徳目だ。浮田は「この三つが備わらずして商業道徳、あるいは商業家の資格というものは、けっして成り立つものでない」と断言する。

この議論にもとづけば、日本商人に対する「信用」の欠如は、手っ取り早く（「忍耐」の欠如）、不正に（「正直」の欠如）、金儲けをしようという姿勢に起因し、その根底には武士道の「名誉」の観念の欠如がある。浮田は、「金を儲けるには、やはり正直で儲けて、名誉になる金でなくては、人間の手に握るべき金でないという覚悟がなくてはならない」と説く。

そして、そんな「名誉になる金」を稼いだ実業家として、アメリカの富豪カーネギーやロックフェラーを例にあげる。彼らはみずから築いた巨額の富を、ほとんど子孫に残さず、教育や医療などの慈善活動に使い、人類社会のために還元した英雄であるというのだ。

浮田がアメリカの例を引き合いに出すのは、大正時代の「新商道」は、外国人中心だった明治期とは異なり、日本人業者の取り扱う貿易の急増を背景に、国際的な視野を持たなければいけないと考えていたからだ。海外から問題視されている「約束期日の遅れ」や「見本と実物の違い」などは、先の「武士道＝商道」の観点から論外であり、そうした道徳面だけではなく、日本の商売のやり方は世界的にみても遅れていると論じた。

三　道徳から科学・ハウツーへ

■小売業における接客法の進化

浮田のいう「新商道」の「新」とは、道徳としての武士道精神を兼ね備えること（従来の商道）に加えて、客の購買意欲を高めるような先進的方法を開発することが重要であることを示唆している。

たとえば、別の講演会の中で[12]、かつてイギリスは品質と信用の高さで世界一を誇ったけれども、地域ごとの購買者の需要を研究したドイツに市場が侵食された例をあげている。また、アメリカはさらに先を進んでおり、個々人の心理を分析する接客法まで開発され、商業大学では心理学的な広告学が教えられていると強調している。

浮田はその一方で、国内にも目を向け、特に小売業の接客の変化に着目した[13]。従来は商品を購入するのに個々の専門店に行く必要があったが、多くの客は店内に入ることへの恐怖心があったという。いったん入店すれば、捕虜のごとく店員につかまり、何も購入せずに店を出るのは勇気が要るからだ。店側は、客の恐怖心をやわらげる接客をすべきであり、客が買うか買わないか、初めてか常連か、などの違いによって態度を変えるのは問題だという。

浮田は、しかし同時に、そのような問題もいずれ、小売業の変化によって消えゆくものとみていた。日本を代表する三井呉服店（のちの三越呉服店）が「公開主義」に踏み切り、客を自由に出入りできるようにしたからだ。すなわち、商品の座売りから陳列式への転換により、客にとって購買選択の自由度が格段に高まったのである。

しかも同店が一九〇五年から百貨店化を徐々に進めて以降、食堂や音楽演奏が充実し、客にとって店内を回ること自体が楽しくなった。「同じ代価の品物なら他店で買うより三越で買うほうが愉快に感ぜられる。これ田舎者及び普通人の三越に雲集する所以であろう」と、浮田は述べている。

■アメリカの先進性に学ぶ日本

浮田の連載「大正の新商道」及びその関連講演会での発言は、国内の小さな商売であっても、いずれ世界の商業の動きと無縁ではなくなり、武士道を背景にした「商道」が精神的な基盤であり続けるにせよ、商売のやり方は変えざるをえないことを示している。

三越呉服店が百貨店への業態転換を進めていた頃には、欧米ではすでに百貨店は普及していた。百貨店と聞けば、高価格帯の高級品を販売する店というイメージがあるかもしれないが、歴史的には必ずしもそうではない。

たとえばアメリカの有力百貨店の強みは、商品を世界中から仕入れ、安価で販売できることにあった。客にとっては、店舗が遠方であっても、いくつも専門店を回る必要がなく、しかも安く購入できるとあって、人気が高まったのである。

一方、これは見方を変えれば、専門店の経営が苦しくなることでもある。ところが、アメリカの小売業界は、そうかんたんに百貨店の天下とはならなかった。専門店のチェーンが台頭してきたのである。食料品から薬、靴の修繕、理髪業まで、何百何千にも及ぶ店舗網を形成して強大なバイイングパワーを持ち、百貨店とは対照的な質素な店舗やセルフサービス導入等による人件費の抑制、問屋を介さない直接仕入れなどで、百貨店よりも高い価格競争力を実現する。

『実業之日本』誌でも、大正末頃になると、倉本長治や大塚浩一といった商業実務の動向に詳しい人物によって、こうしたアメリカの先進的な事例が報告されるようになった。

大塚は、一日五〇〇万の注文を受けているという通信販売のシアーズローバックや、全米に一四〇〇店を展開する食料品チェーンのピグリーウィグリーなどの例をあげ、大量に安く販売するための科学的な分析が常識化するなか、日本のように経験と熟練に頼る時代は終わったと述べている。[14]

さらに昭和に入ると、同誌では、ショーウインドーの見せ方や、外交（営業）や交渉の成功法など、商売繁盛のためのハウツーやテクニックが、以前にも増して盛んに紹介されるようになる。同誌読者の関心が、「道徳」や「精神」から「科学」や「技術」に移行していったようだ。

もっとも、そのような移行はメディア言説上のことであって、現実には商業道徳や商業技術の歴史は複雑な展開をたどったことであろう。けれども、幸之助が独立した大正期前後の商業道徳をめぐる議論の大枠を知るには、発行部数の多い新聞や雑誌の内容は参考になるのである。

四　幸之助の「産業人精神」の由来と形成

■一般論では満足しなかった国家や社会への貢献

松下幸之助が大阪電燈を退社して独立した一九一七年は、まさに好景気の最中であった。ちょうど浮田和民が『実業之日本』誌で「大正の新商道」の連載を開始した年でもある。とりわけ大阪では、「東洋のマンチェスター」と呼ばれるほど工業が栄え、世界有数の経済都市「大大阪」の時代へと突入せんとする活気がみなぎっていた。幸之助自身は事業を始めるにあたってわずかな元手しかなかったものの、経済の活況は肌身で感じていたことだろう。

その一九一七年、新渡戸稲造が同誌に「実業の目的」と題した小論を寄稿している。[15]好景気を背景に拝金主義的な風潮が広まるなか、浮田の「大正の新商道」と同様、当時の商業道徳の乱れを戒めている。新渡戸によると、実業の目的とは、渋沢栄一の表現を借りて、「覇道」（私欲）ではなく「王道」（公益）だという。そのほかにも渋沢の影響からか、「利益は社会への貢献に対する報酬」「個々人の天賦の能力の発揮が最大の目的」といったことも大切だと強調している。

一方で、以上の新渡戸の指摘は、驚くほど幸之助の考え方と合致している。もし新渡戸の指摘が、渋沢からの影響を感じるように、当時において著しく斬新なものではないとすれば、幸之助の「商道」に対する考え方は、独立当時からメディア上で比較的広くみられていたものだと推察される。

なお新渡戸は、前年の一九一六年に実業之日本社から出版した『自警』の第一七章「実業を精神化せよ」において、[16]日本の実業家は、大きくもない会社を設立するのに社会や国家に貢献する事業であることを強調する者が多いが、現実には私利私欲に走る人が目立つことを指摘している。つまり、私利私欲に走るかどうかは別として、経営理念のうえでは公益を重んじることが、大企業に限らず、よくみられたということだ。

新渡戸の指摘が事実であれば、一九二九年に松下電器が、経営理念である「綱領」において「営利ト社会正義ノ調和ニ念慮シ、国家産業ノ発達ヲ図リ、社会生活ノ改善ト向上ヲ期ス」と掲げたことは、特段珍しいことではなかったと考えられる。だからこそ幸之助は、一般論として国家や社会への貢献を強調することに満足せず、改めて一九三二年に、貧困の克服という、遠大ではあるが一歩具体化した目標を設定した「松下電器の真の使命」(「産業人の真の使命」)を闡明するに至ったのではないかとみることもできなくはない。

その「真使命」の前年の一九三一年、『実業之日本』誌は、同誌を発行する実業之日本社の創立者・社長である増田義一による「正しき金の儲け方」を掲載している。[17]増田は、金儲けは富を生み、国家社会のためになると主張した。そのうえで、自己利益のみを追求するのは商売の正道に反するのであって、事業を公益と一致させ、自他ともに益する共存共栄を原則とすべきであることを訴えている。「商売は私事ではなく公事」「企業は社会の公器」であるのだから堂々と儲けるべきだ、自他ともに繁栄する「共存共栄」に徹すべきだ、という幸之助の主張と類似している。

さらに増田は、フォードに学び、大量生産により製造コストを下げて公衆に還元すべきであることも強調している。幸之助がこうした記事などを通して間接的にでもフォードの事業の社会性を当時から学んでいたのであれば、生産に次ぐ生産により物資を水のごとく安価に供給するとした「産業人の真の使命」を発想するきっかけにもなっていたのかもしれない。

■「武士道精神」と「産業人精神」、そして「商道」

幸之助は、それから四〇年以上のち一九七五年に出版した著書『道は無限にある』の中で、「武士道精神」と「産業人精神」に関する持論を展開している。[18]

「昔の武士は、武士たるをもって尊しとしていました。したがって強いだけが武士ではなく、武士は人間として最高でなくてはならない。学問もやらなくてはならないし、人情も豊かでなければならない。また、義をみては大いに勇をふるって行なうということでなくてはならない。しかも戦って強くなければならない、ということでしょう。そういうものをかね備えているところに武士道精神というものがあったと思いますし、そこにまた武士道精神の尊ばれるゆえんがあったと思うのです。（中略）

そこでその武士道精神にかわる、今日の産業人精神というものはどういうものかというと、内容は多少違いましょうが、やはりそれと同じようなものをもたずしては産業人とはいえないと思うのです。ただ自分の立場のみを考えて働くというようなことでは、私はやはり産業人とはいえないのではないかと思います。産業の使命というものをはっきりと認識し、その尊さを認識し、そしてその産業の興隆によって社会が潤い、人びとの幸福も約束されていく、社会生活も国家も発展していく、さらに進んでは世界の繁栄、平和にも結びついていくのだ、自分はその一員である、というような意識をもたずしては、私は真の産業人は養成されないという感じがするのです」

幸之助がここで述べていることはおおよそ、これまで紹介してきた、明治の後期から大正期にかけての商業道徳の武士道化をめぐる議論の内容に相当する。若き日の幸之助がどこから武士道に関する情報を取得していたのか、具体的には不明であるものの、松下電器を創業した一九一八年前後の時代に流布していた商業道徳に対する見方が内面化されていたことがうかがえる一節だ。

幸之助が大切にした「商道」は、幸之助自身が将来への希望と不安に満ちていたその時代の経営や商売の精神の反映でもあるといってもよい。

あとがき

筆者は二〇〇八年秋にＰＨＰ研究所に入社した。その創設者である松下幸之助については、当時からすでにおびただしい数の文献が公刊されており、筆者が新たな知見を加えるにせよ、せいぜいニッチなテーマに限定せざるをえないと考えていた。

実際、本書のタイトルにもある死生観を考察することは、幸之助の企業経営者としての偉大な業績を解明することに比べれば、多分にマニアックな関心によるものである。しかし、筆者は当初から死生観に注目しようとは考えておらず、それはある意味、意図せざるプロセスによってたどり着いたテーマである。

最初は、幸之助が戦後の初期ＰＨＰ研究の成果をまとめた『ＰＨＰのことば』を通読して、これまで広く知られてきた天理教のほかに、生長の家の教えをどこかで知ったのではないかと直感的に理解した。そこで調べてみたところ、確かにそうだった（本書第3章）。次に、生長の家に対する関心は、幸之助自身の病に対する不安に起因する面が大きいと考え、健康に対する見方を考察した（同第2章）。そして、病に対する不安があるのであれば、死について真剣に考えたのではなかったのではないかと思い、死生観を探ることになったのである（同第4章）。

一方、同時期に並行して、けれども以上の考察とはまったく独立して、一九五〇年代から六〇年代にかけての高度経済成長期における、幸之助のメディアを通した発信内容を調べていた。その過程で、「期待される人間像」を検討する中教審第十九特別委員会の臨時委員として幸之助が、自身の死生観の背景にある宇宙や人間に対する見方を発言していることを知り、「人間像」議論との関係を考察した（同第5章）。

以上のように、本書の第2章から第5章までの内容は、筆者がＰＨＰ研究所に入社後の二〇〇九年から二〇一一年にかけて、弊社経営理念研究本部の紀要『論叢 松下幸之助』などに寄稿した小論がもとになっている（なお、第1章は二〇二二年から二三年にかけてＰＨＰ理念経営研究センター発行の電子季刊誌『［実践］理念経営Ｌａｂｏ』に寄稿した連載、補論は二〇二〇年に弊社隔月刊誌『衆知』に掲載した講話録をもとにしている）。

ただ、本書出版にあたり、大幅に修正を加えた部分も少なくない。それは、筆者が二〇一一年以降、経営誌の編集記者や、経営者をはじめとした実務家を対象とする講師としての仕事を主として担うことになったこととかかわっている。この仕事を通して、あらためて実業家としての幸之助の見方を学び直したり、多くの経営者へのインタビューを重ねたりしていくうち、以前に書いた小論に青臭さや思い込みの強い面が多々あることがわかってきて、気になっていた。今回本書をまとめる機会を得、多少なりとも修正することができた。

筆者はその半面、幸之助の企業経営者としての広い視野や高い視座、そして強い使命感の根底に、当初はマニアックなテーマであると考えていた死生観が大きく関係していることを、いっそう強く確信することができた。経営者をはじめビジネスに携わる方々にとっても、本書の内容はただちに役立つものではないかもしれないが、幸之助の死生観などから、自分なりに思考を深めていくことで経営の大きな力になることを、その一端でも感じていただければ、筆者としては喜ばしい限りである。

本書の出版にあたっては、ＰＨＰ研究所の取締役執行役員の渡邊祐介氏、経営企画室室長の吉村健太郎氏に、厳しい出版事情のなか、ご尽力いただいた。また、松下理念研究部の佐々木賢治、長尾梓の両課長には、原稿の細かい事実確認や表現修正の作業をお願いした。そして、ビジネス・教養出版部部長の山口毅氏をはじめとする制作関係者の方々には、年末年始をまたぐ多忙な時期にもかかわらず編集・制作のお仕事を着実に進めていただき、松下幸之助の生誕一三〇年にあたる本年に出版を実現することができた。皆様には心から感謝を申し上げる次第である。

なお、本書の内容は、筆者の所属する株式会社ＰＨＰ研究所および同社内の研究機関であるＰＨＰ理念経営研究センターを代表するものではなく、筆者の個人的見解にもとづくものである。

二〇二四年一月

川上恒雄

注

イントロダクション

1　松下幸之助（一九八三）『君に志はあるか――松下政経塾 塾長問答集』ＰＨＰ研究所（一九九五年文庫版）、一五九～一六〇頁。
2　同前、一六〇～一六一頁。
3　松下幸之助（一九八四）『人生心得帖』ＰＨＰ研究所（二〇〇一年文庫版）、一二一頁。
4　松下幸之助（一九六八）『私の行き方 考え方――わが半生の記録』ＰＨＰ研究所（一九八六年文庫版）、二九六頁。なお、刊行年の一九六八年は、実業之日本社の実日新書版の発刊年であり、それ以前にも同社及び他社から刊行されている。
5　一九八二年三月五日、松下政経塾一年生への講話。ＰＨＰ総合研究所研究本部（編）（一九九三）『松下幸之助発言集44』ＰＨＰ研究所、二九六頁。全四五巻の『松下幸之助発言集』については以下、『発言集（巻数）』の略記とする。刊行年については、第1巻から第18巻までが一九九一年、第19巻から第42巻までが一九九二年、第43巻以降が一九九三年である。
6　一九六六年六月一八日、全寮文化講演会（於：松下電器ラジオ事業部）。『発言集33』、八八頁。
7　前掲『私の行き方 考え方』、二九六頁。
8　一九四四年四月一日、松下産業戦時指令体制第三回本支部長会議（要旨）。『発言集30』、二五頁。
9　機関の名称は当初「経営経済研究所」だったが、二五日後の一九四六年一一月二八日に改称した。
10　一九四七年一月一〇日、昭和二十二年度経営方針。『発言集22』、一三〇頁。
11　一九四九年八月三〇日、緊急経営方針。同前、一七七頁。
12　一九五六年一月一〇日、昭和三十一年度経営方針。同前、三五〇頁。
13　一九五〇年七月一七日、緊急経営方針。ただし、ＰＨＰの（運動ではなく）研究は続けるとも述べた。同前、一八六頁。
14　当初、月刊誌『ＰＨＰ』への連載を基本的にはもとにして『ＰＨＰのことば 第一集』というタイトルで刊行されたが、続集はなく、一九七五年にあらためて『ＰＨＰのことば』として再刊された。
15　ただし、『ＰＨＰのことば』では、幸之助が神的存在・力として信じていた「宇宙根源の力」について繰り返し言及されているが、『人間を考える』では「宇宙の根源力」という表現が一度みられるのみで、「天地自然の理」や「自然の理法」と同義だとされている。

16　松下幸之助（一九五三）『PHPのことば』PHP研究所（一九七五年新版）、三〇〇頁。

17　一九六〇年九月二〇日、日本経営者団体連盟「第二回中小企業社長経営労務研究会」。『発言集1』、一一三頁。

18　前掲『私の行き方 考え方』で、天理教（ただし「某教」「某宗教」と記されている）の訪問について触れている。そのほか、一九六一年一一月三日のPHP研究所創設記念式典（『発言集42』所収）や一九八〇年五月一九日に開催された松下電器社内の「経営研究会」（『発言集28』所収）でも、天理教訪問時のことを比較的詳しく語っている。訪問時の見学ルートの詳細は以下の文献を参照。住原則也（二〇二〇）『命知と天理――青年実業家・松下幸之助は何を見たのか』天理教道友社。

19　松下幸之助（一九七二）『人間を考える――新しい人間観の提唱・真の人間道を求めて』PHP研究所（二〇一四年新書版）、八〇頁。

20　「死生観」と「生死観」の意味を厳密に区別する議論があるが、幸之助自身が両者をあまり区別せずに使っていることもあり、本書では「死生観」に統一する。

21　松下幸之助（一九六八）『一日本人としての私のねがい』PHP研究所（一九八六年文庫版）、一八六頁。

第1章　「運命」を生かす――人知を超えた「理法」の存在

1　記憶にもとづく自伝や回顧談は、本人が記したり語ったりした時点から過去の出来事を再構成したものであり、その内容の取捨選択には、本人の将来時点の価値観によるバイアスから完全に免れることは難しい。とりわけ、本人の過去の内面や主観に関しては、その過去時点の本人にしかわかりえないことであり、将来時点の語りの内容について、その信ぴょう性が問われることがある。筆者は、個人の主観や内面に関する研究上のそのような難点について以下の文献で触れたことがある。川上恒雄（二〇〇七）「コンヴァーションの社会科学的研究・再考――概念、方法、文化」『南山宗教文化研究所研究所報』（第一七号）のとくに二四～二五頁。松下幸之助についても、次節以降に述べるように若き日に運命の実在を認識したかどうか、第三者には不明だ。したがって、客観的事実について記述しているというよりも、幸之助が後年に構築した自身の人生物語の一断面を記述していると理解されたい。幸之助は戦後、運命について繰り返し、かつ比較的一貫したストーリーで語っていたので、本人の主観においては〝事実〟として確立されていたようだ。

2 松下幸之助（一九六六）『若さに贈る』ＰＨＰ研究所（二〇一四年新書版）、三三頁。

3 松下幸之助（一九七九）『人を活かす経営』ＰＨＰ研究所（二〇一四年新書版）、一六一頁。

4 同前。

5 一九七三年一〇月一六日付『中日新聞』夕刊。『発言集18』、三二頁。なお、肺尖カタルの罹患時期については資料によって若干の相違があり、本書では「一八歳」に統一する。次の文献を参照。佐藤悌二郎（一九九七）『松下幸之助・成功への軌跡――その経営哲学の源流と形成過程を辿る』ＰＨＰ研究所、一五五～一五七頁。

6 前掲『人を活かす経営』、一六二頁。

7 一九七七年四月五日、第一一回国家公務員合同初任研修。『発言集8』、一二四頁（前の発言）および一二三頁。

8 松下幸之助（一九六八）『私の行き方 考え方――わが半生の記録』ＰＨＰ研究所（一九八六年文庫版）、四四頁。

9 八木家の風呂とは明示していないが、文脈から推察される。前掲『発言集8』、一二二頁。

10 前掲『私の行き方 考え方』、五一頁。カッコ内は筆者補足。

11 同前、五〇頁。

12 https://www.yaginet.co.jp/about/special/special_01.html（二〇二三年一一月二六日確認）。

13 前掲『私の行き方 考え方』、五二頁。

14 前掲『発言集8』、一二二頁。

15 前掲『私の行き方 考え方』、九四頁。

16 同前、九五頁。

17 同前、九七頁。

18 同前、九六頁。

19 松下幸之助（一九九〇）『人生談義』ＰＨＰ研究所（一九九八年文庫版）、一九頁。

20 『発言集44』、七八頁。

21　松下幸之助（一九八四）『人生心得帖』ＰＨＰ研究所（二〇〇一年文庫版）、二一～二二頁。
22　『発言集37』、三四一頁。
23　同前、三四七頁。
24　松下幸之助（一九六八）『道をひらく』（ＰＨＰ研究所）、一〇頁。
25　前掲『私の行き方 考え方』ＰＨＰ研究所、三二四～三二五頁。
26　以下の文献で、松下幸之助の「天地自然の理」と天理教の「天然自然の理」を比較して考察している。住原則也（二〇二〇）『命知と天理――青年実業家・松下幸之助は何を見たのか』天理教道友社。
27　一九七九年一一月三日の下村満子氏によるインタビューでの話（ＰＨＰ研究所所蔵の速記録）。話を聞きに行った団体として、幸之助は、生長の家とともにモラロジーをあげているが、具体的な情報に関する発言は一切なかった。
28　モラロジー研究所（現モラロジー道徳教育財団）の藤井大拙氏の話による。
29　廣池千九郎（一九二八）『道徳科學の論文』財団法人モラロジー研究所（一九七六年刊行版）、第九冊第六章。
30　同前、第七冊第一四章第七項第八節。
31　『発言集29』、三六一頁。
32　松下幸之助（一九五三）『ＰＨＰのことば』ＰＨＰ研究所（一九七五年新版）、三五四～三五五頁。カッコ内は筆者補足。
33　『ＰＨＰ』一九四九年一〇月号、四〇頁。
34　同前。
35　前掲『ＰＨＰのことば』、二六三頁。
36　同前、二四五頁。
37　同前、二九九頁。
38　同前、二九九～三〇〇頁。
39　『発言集1』、一一二～一一三頁。
40　『発言集7』、一五五～一五六頁。
41　松下幸之助（一九七八）『実践経営哲学』ＰＨＰ研究所（二〇〇一年文庫版）、四五頁。

42 松下幸之助（一九八〇）『経営のコツここなりと気づいた価値は百万両』ＰＨＰ研究所（二〇〇一年文庫版）、一七頁。
43 前掲『実践経営哲学』、二七〜二八頁。
44 松下幸之助（一九七二）『人間を考える――新しい人間観の提唱・真の人間道を求めて』ＰＨＰ研究所（二〇一四年新書版）、二二頁。
45 前掲『ＰＨＰのことば』、四〇三〜四〇五頁。
46 前掲『実践経営哲学』、一六二〜一六四頁。
47 一九四八年一〇月一六日、和歌山県人会第三回集会。『発言集36』、三六二頁。

第２章 「不健康またけっこう」――病と幸之助

1 松下幸之助（一九六八）『私の行き方 考え方――わが半生の記録』ＰＨＰ研究所（一九八六年文庫版）、三頁。
2 オンライン上の国語辞典『デジタル大辞泉』（小学館）の「肺尖カタル」の項目に、「肺結核が治りにくかった時代には、ぼかしていうのにも使われた」と記されている。
3 松下幸之助（一九六〇）『仕事の夢 暮しの夢――成功を生む事業観』ＰＨＰ研究所（一九八六年文庫版）、五五〜六〇頁。
4 大阪電燈を辞めたいという主な理由としてはそのほか、自身の改良したソケットが上司に認められなかったことや、検査員としての職務にもの足りなさを感じていたことを、幸之助はあげている。前掲『私の行き方 考え方』、六〇〜六六頁。
5 前掲『仕事の夢 暮しの夢』、五五頁。
6 同前、五七頁。
7 『主婦の友』一九八〇年新年特大号、一八三頁。
8 前掲『私の行き方 考え方』、三〇九頁。
9 荒川進（一九八五）『苦労と難儀はちがいます――松下幸之助の妻・むめの伝』講談社。著者の荒川は、木庭の妻のユキノに取材をしている。
10 松下幸之助（一九八一）『リーダーを志す君へ――松下政経塾 塾長講話録』ＰＨＰ研究所（一九九五年文庫版）、一一八〜一一九頁。

11 松下幸之助・田川五郎（一九八二）『明日をひらく経営』読売新聞社、一八九頁。
12 一九六二年にNHKテレビに出演した際の発言。『発言集17』、八〇頁。
13 『毎日ライフ』一九七〇年二月号、石垣純二との対談にて。『発言集14』、六〇頁。
14 松下幸之助（一九七四）『社員稼業――仕事のコツ・人生の味』PHP研究所（二〇一四年新書版）所収の「生きがいをどうつかむか」、および松下幸之助（一九七九）『人を活かす経営』PHP研究所（二〇一四年新書版）所収の「自分の運命に従う――気に病まずに対処する」による。
15 和歌山県の雑誌『県民の友』（一九七九年一月号）掲載の仮谷志良知事（当時）との対談にて。『発言集16』、一二六頁。
16 一九八三年一月二七日に草柳大蔵と対談した際の発言（PHP研究所所蔵の速記録）。
17 前掲『社員稼業』、四三頁。
18 前掲『人を活かす経営』、一七二頁。
19 林辰彦（一九八五）『実録・井植学校』ダイヤモンドセールス編集企画、八頁。
20 前掲『人を活かす経営』、一七三頁。
21 同前。
22 齋藤周行（一九七六）『拝啓　松下幸之助殿』一光社、一六四頁。
23 『週刊文春』一九六一年九月二五日号、八四頁。
24 津田真人（一九九七）「『健康ブーム』の社会心理史：戦後篇」『一橋論叢』第一一八巻、五〇七頁。
25 「アトラキシン」をはじめとしたトランキライザーの流行とその後の規制については以下の文献を参照。松枝亜希子（二〇二二）『一九六〇年代のくすり――保健薬、アンプル剤・ドリンク剤、トランキライザー』生活書院。
26 前掲「『健康ブーム』の社会心理史：戦後篇」、五〇五～五〇六頁。
27 岩崎爾郎・加藤秀俊（一九七一）『昭和世相史〈一九四五～一九七〇〉』社会思想社、一〇一頁。
28 前掲「『健康ブーム』の社会心理史：戦後篇」、五〇五頁。
29 同前、五〇六頁。
30 前掲『一九六〇年代のくすり』（一〇八～一〇九頁）は、一九五七年と一九五八年当時の「アトラキシン」の新聞広告の実例を紹介している。

31 同前、一三六～一三七頁。

32 前掲『発言集14』、六三頁。

33 横尾定美（一九九七）『心身一如――松下幸之助創業者に学ぶ健康哲学』松下電器健康保険組合、五六頁。

34 松下幸之助（一九五三）『ＰＨＰのことば』ＰＨＰ研究所（一九七五年新版）、三二六～三二七頁。

35 同前、三三〇頁。

36 前掲『人を活かす経営』、一七五頁。

37 同前。

38 『発言集29』、二一三頁。

39 鹿野政直（二〇〇一）『健康観にみる近代』（朝日新聞社）の「3『体力』の時代」。

40 前掲『ＰＨＰのことば』、二二四～二二五頁。

41 一九七六年七月三日、雑誌記事のために企画された対談より（ＰＨＰ研究所所蔵の速記録。句読点等、筆者が若干の修正を加えた）。

42 『日本経済新聞』一九九〇年七月一三日付朝刊。鬼塚の場合、結核の新薬が開発されたので、「カルシウム注射」を打った期間は幸之助よりずっと短く、半年ほどだったという。

43 前掲『発言集14』、六六～六七頁。

44 前掲『心身一如』、五六頁。

45 前掲『発言集14』、六四頁。

46 川上恒雄（二〇一〇）「松下幸之助と稲盛和夫――その『哲学』の比較」『論叢 松下幸之助』第一四号、一七～二一頁。

第３章　宗教的背景を探る――「生長の家」のケースを手がかりに

1 以下の二つの引用は、ＰＨＰ研究所所蔵の速記録による。

2 『発言集36』、二七八頁。

3　下村満子（一九八一）『松下幸之助「根源」を語る』ダイヤモンド社、二二〇～二二二頁。

4　『精神科学』第三九〇号（一九八〇年二月号）、二七頁。以下の文献に再録。阿部洋大（一九九一）『信仰が生んだ繁栄と成功――毎日毎日を光明化に徹して』日本教文社、一九八頁。

5　河田亮太郎（一九九一）『ほとばしる生命』日本教文社。筆者はこの文献を直接みておらず、生長の家より提供していただいたテキストによる。

6　谷口雅春（一九七一）「人生の秘訣三十ヵ条」『理想世界』第二五巻第六号（一九七一年六月号）、一五頁。

7　石川芳次郎の生涯については、ほぼ全面的に以下の文献に依拠している。森川舟三（一九七五）『石川芳次郎翁の生涯』石川事務所。本節において、特に注を付していない場合は、同書の記述に拠っている。

8　前掲『石川芳次郎翁の生涯』掲載の「年譜」をみると、相当多数の団体・組織の役職に就いていたことがわかる。

9　橋爪紳也（二〇〇六）『モダニズムのニッポン』角川学芸出版。

10　京都電灯株式会社（一九九八）『京都電灯株式会社五十年史』ゆまに書房、一五九頁。

11　同前、一六〇頁。

12　青柳栄司（一九二三）「序」、石川芳次郎・佐伯光太郎『生活改善と電気――電熱篇』電気生活社、四頁。

13　社団法人家庭電気文化会のホームページ（http://www.kdb.or.jp/ayumi.html）も参照した（二〇二三年一二月一日確認）。

14　前掲『石川芳次郎翁の生涯』（一〇九～一一〇頁）からの間接引用。原典は雑誌『家庭の電気』一九二六年一月号。もっとも、この需要拡大は一九二三年九月に発生した関東大震災の後の東京における家電ブームとも関連するかもしれない。なお、日本の一九二四年の家庭電熱器需要家数が二万九四、翌二五年が三万六三七七であり（日本電機工業会資料、松下電器産業株式会社社史編纂室〔一九六三〕「家庭電化小史」『社史資料9』松下電器産業株式会社、二五頁）、松田長三郎の示した年度途中の数値と純粋比較できないものの、京都の電熱器需要が当時、全国的にみて非常に高かったことが推察される。

15　前掲『石川芳次郎翁の生涯』一一二頁からの間接引用。原典は雑誌『家庭の電気』一九二六年一月号。

16　松下幸之助監修（一九八二）『技術者魂――中尾哲二郎の歩んだ道』松下電器産業株式会社中尾研究所、七一頁。

17　同前。もっとも、アイロンについての具体的な記述はなかったそうだ。

18 松下電器産業株式会社社史編纂室（一九六二）『社史資料5』松下電器産業株式会社、六一〜六二頁。

19 本節の執筆にあたっては、祖父・芳次郎の生前を知る原田かの子氏への二〇〇九年に行なったインタビューに大きく依拠している。

20 石川芳次郎（一九四〇）『米虎追憶』（非売品）、四頁。

21 同前、三九頁。

22 谷口雅春（一九六三）『生命の實相』頭注版第20巻、日本教文社。なお、この頭注版は一九六二年から刊行を開始した（以下、巻ごとの刊行年表示は省略）。また、同書初版の序文は一九三一年に書かれたと記されているが、その後の版では一部内容の拡充や改編がなされてきたという。

23 宗教法人生長の家「『甘露の法雨』をよもう」（リーフレット）、一三頁。谷口雅春（一九六六）『繁栄と健康』日本教文社、三二三頁も参照。

24 前掲『米虎追憶』、四頁。

25 同前、二二〜二三頁。

26 前掲『生命の實相』頭注版第5巻、一五七頁。

27 前掲『京都電灯株式会社五十年史』によると、岡藤三は一九三九年一〇月時点で、京都電燈の総務部経理課課長である。また、兄弟の岡善吉は、『生命の實相』頭注版第17巻の「はしがき」によると、京都ガスの支配人の後、大阪ガスの重役を務めたという。

28 前掲『生命の實相』頭注版第5巻（一六五頁）によると、京都電燈の田中博社長も、生長の家の信徒となったようである。

29 同前、一五八頁。

30 アメリカの思想家フェンウィック・ホルムス（Fenwicke L. Holmes）の *The Law of Mind in Action: Daily Lessons and Treatments in Mental and Spiritual Science*（邦題『如何にせば運命を支配し得るか』）である。谷口雅春は同書をクリスチャン・サイエンスの体系的解説書とみていたが、ホルムスはクリスチャン・サイエンスとそれほど密接なかかわりがあったわけではないようだ。この点については、小野泰博（一九九五）『谷口雅春とその時代』東京堂出版を参照。ちなみに石川貞子はクリスチャン・サイエンスの文献（書籍か雑誌かは不明）の翻訳を申し出たところ、神の言葉は翻訳できないという理由で断られたと述べている（「生長の家二十年の思ひ出」『白鳩』一九五〇年六月号、三五頁）。
31 前掲『生命の實相』頭注版第5巻、一五七～一五八頁。
32 前掲「生長の家二十年の思ひ出」、三五頁。
33 石川敬介「あとがき」前掲『石川芳次郎翁の生涯』、二八四～二九一頁。
34 同前、二八八頁。
35 前掲「生長の家二十年の思ひ出」、三四頁。
36 同前、三五頁。
37 同前。
38 同前。
39 一燈園資料館「香倉院」のホームページ掲載の『光』総目次（http://www.kosoin.com/sub/hikari.html）による（二〇二三年一二月二日確認）。
40 岡藤三のことだと思われる。ただし、前掲『生命の實相』（頭注版第5巻、一六五頁）では、善吉のほうが弟であると記されている。
41 前掲「生長の家二十年の思ひ出」、三五頁。
42 同前、三六頁。
43 支部の設立という組織上の点からいえば虎次郎が始まりかもしれないが、京都にはすでに大本や一燈園の信者の中に熱狂的な谷口ファンが少なからず存在していたと思われる。前掲『生命の實相』頭注版第5巻、一九二頁。
44 前掲『社史資料9』所収の「皇族ご台臨」、三七頁。
45 なお、高松宮はその二年半ほど前の一九三九年七月に京都電燈本社を訪れている。
46 『白鳩』誌創刊号の寄稿者に、貞子と共に「栗原保介」の名がみられるが、この人物であるかどうかは不明である。
47 石川芳夫氏の証言による。
48 石川芳夫氏によると、川越の場合はしかし、引き取るにあたって貞子の意向が大きかったという。
49 前掲『石川芳次郎翁の生涯』、一七四～一七六頁。

50 創刊が一九三四年一二月の『松下電器所内新聞』（その後、『松下電器社内新聞』に名称変更）の人事欄その他関連記事を調べたが、川越の名前が初めて出てくるのは一九三七年一一月一五日付の『松下電器社内新聞』である（徴兵検査甲種合格者の一名として）。したがって、一九三四年には入社（入所）していたと思われる。ただし、筆者の調べた『所内新聞』『社内新聞』に一部欠落部分があるので、川越の名を見落としている可能性はゼロではない。

51 新卒採用者の出身学校名をまとまって確認できるのは、筆者が利用した資料の中では、一九三七年一一月一五日付の『松下電器社内新聞』が最も古い。東京商大（現一橋大）や神戸商大（現神戸大）などの商科大学出身者がみられるものの、帝大卒は確認できない。

52 石川貞子（一九四七）「母の便り」『ＰＨＰ』創刊号、一八〜一九頁。

53 石川芳次郎（一九四七）「貧困から繁栄へ——国の経済力を増大しよう」『ＰＨＰ』第一巻第六号、一四頁。

54 川越はその後、松下電器の東京支店長や、アメリカ松下電器の副社長を歴任した。

55 前掲「生長の家二十年の思ひ出」、三六頁。

56 貞子の結核については、ご令孫の原田かの子氏への聞き取りによる。

57 息子らの病や負傷を医師の力を借りずに治した貞子の話が、前掲『生命の實相』頭注版第5巻の一六〇〜一六一頁および二〇二〜二〇五頁、前掲『生命の實相』頭注版第17巻の五一〜五三頁および七三〜七五頁に載っている。

58 前掲「あとがき」『石川芳次郎翁の生涯』、二八八頁。

59 前掲『生命の實相』頭注版第17巻、九三頁。

60 島薗進（一九九二）『現代救済宗教論』青弓社、五八頁。

61 前掲『生命の實相』頭注版第3巻、一八六頁。

62 対馬路人、西山茂、島薗進、白水寛子（一九七九）「新宗教における生命主義的救済観」『思想』岩波書店、六六五号。

63 松下幸之助（一九五三）『ＰＨＰのことば』ＰＨＰ研究所（一九七五年新版）、二三〇〜二三一頁。

64 前掲『生命の實相』頭注版第20巻、一五八頁。

65 「富の無限供給」については、前掲『生命の實相』頭注版第2巻の第六章（経済問題の解決）中の「富の無限供給と循環」の項を参照した。

66　前掲『谷口雅春とその時代』、一九〇～一九八頁。マーチン・A・ラーソン（一九九〇）『ニューソート――その系譜と現代的意義』高橋和夫ほか訳、日本教文社（原書一九八七年）、四九七～五〇〇頁。

67　一九七八年一〇月六日「朝日カルチャーセンター創設記念講座」での話。『発言集10』、二七八頁。

68　幸之助が「ダム経営」を提唱したのは一九六五年二月一一日に倉敷で開催された「第三回関西財界セミナー」だが、稲盛は別の場所で開催された講演会だったと回顧している。

69　松下幸之助・稲盛和夫（一九八〇）「〝ダム式経営〟とこころの余裕」。『松下幸之助対談集 経営静談』ＰＨＰ研究所、八二頁。

70　同前、八二～八三頁。

71　稲盛和夫（二〇〇二）『稲盛和夫のガキの自叙伝』日本経済新聞出版社（二〇〇四年文庫版）、三二頁。

第4章　死生観はどのようにして涵養されたか

1　松下電器の組織構造には歴史的な変遷がみられるが、幸之助が基本形として考えていたのは製品別事業部制である。

2　丸尾元俶（一九八七）「〝松下電器は電器屋や、電器屋は電器屋らしい仕事をせんとあかん〟」『松苑』第三号、松下電器客員会、六二頁。

3　大西宏（二〇一〇）『松下幸之助「成功する力」――〝弱点〟を〝最強の長所〟に変える不滅の知恵』有楽出版社、一〇八頁。

4　河西辰男（一九八九）『松下相談役から学んだこと』松下電器産業教育訓練センター（非売品）、八頁。

5　『発言集23』、一九四～一九五頁。

6　飯村正造「商売の基本は世界共通」ＰＨＰ研究所研修局編（一九七九）『ＰＨＰゼミナール特別講話集　続・松下相談役に学ぶもの』（非売品）、四九頁。

7　谷井昭雄「『自律謙虚』『徹底』『思いやり』を貫いた徳の人」『ＰＨＰビジネスレビュー 松下幸之助塾』二〇一四年一一・一二月号、一二頁。

8　同前、一三頁。

9 松下幸之助（一九七五）『道は無限にある――きびしさの中で生きぬくために』PHP研究所（二〇〇七年新装版）、二二二～二二三頁。
10 松下幸之助（一九六五）『なぜ』文藝春秋（一九七六年文庫版）、一三〇～一三一頁。
11 松下幸之助（一九九〇）『人生談義』PHP研究所（一九九八年文庫版）、一三四頁。
12 幸之助のいくつもの著作にみられる表現だが、たとえば、松下幸之助（一九七四）『社員稼業――仕事のコツ・人生の味』PHP研究所（二〇一四年新書版）、一九〇頁。
13 一九七〇年前後の「生きがい論」について以下の文献を参照。川上恒雄（二〇一二）『「ビジネス書」と日本人』PHP研究所、一八六～一八九頁。
14 松下幸之助（一九五三）『PHPのことば』PHP研究所（一九七五年新版）、二〇三～二〇四頁。
15 松下幸之助（一九七四）『道は明日に』毎日新聞社、二五一頁。
16 松下家の宗派でもある。
17 一九六六年一一月三日、PHP研究所創設二十周年記念式典での話。『発言集42』、一五一～一五二頁。
18 松下幸之助「PHPの原理26　宗教への期待（3）――その経済に対する見方について」『PHP』一九五八年一月号、二二～二九頁。
19 「新しい人間観の提唱」より。松下幸之助（一九七二）『人間を考える』PHP研究所（二〇一四年新書版）、二二頁。
20 幸之助が「命をかける」ことの重要性を述べているからといって、たとえば経営者が従業員に対して、あるいは上司が部下に対して、「命がけで働け、そうすれば生きがいが得られる」と指示するのは明らかに筋違いである。前提として、社員相互の強固な信頼関係や、協働の精神が成立していなくてはならない。幸之助はむろん、そうしたことの大切さを繰り返し述べている。
21 松下幸之助「PHPの原理12――祖先への感謝」『PHP』一九五〇年六月号、四六～四七頁。
22 同前、四七頁。
23 松下幸之助「PHPの原理11――生命力の永遠性」『PHP』一九五〇年五月号、五九頁。
24 同前。

25 対馬路人「世界観と救済観」、井上順孝ほか編（一九九四）『〔縮刷版〕新宗教事典 本文篇』弘文堂、二二六〜二二七頁。
26 相良亨（一九八四）「日本人の心」佐藤正英（編）『相良亨著作集5——日本人論』ぺりかん社（一九九二年刊）所収。
27 松長有慶（一九九四）『生命の探究——密教のライフサイエンス』（法藏館）の特に「I 生命のダイナミズム」。
28 同前、二六〜二八頁。
29 岸本英夫（一九四八）「生死観四態」『死を見つめる心——ガンとたたかった十年間』講談社（一九七三年文庫版）所収、一〇一頁。
30 同前、一〇九頁。
31 前章で議論した生長の家については、霊魂の永続的個別性を認めるという点で幸之助の死後観と異なることもあり、ここでは考察の対象から外す。
32 松下幸之助（一九六八）『私の行き方 考え方——わが半生の記録』PHP研究所（一九八六年文庫版）、一五三〜一五六頁。松下幸之助（一九八三）『縁、この不思議なるもの——人生で出会った人々』PHP研究所（一九九三年文庫版）、四八頁。
33 松下幸之助（一九六三）『物の見方 考え方』PHP研究所（一九八六年文庫版）、八〇〜九二頁。
34 前掲『縁、この不思議なるもの』四七〜五四頁。
35 一九八三年二月二四日、草柳大蔵との対談（PHP研究所所蔵の速記録）より。
36 前掲『物の見方 考え方』、八八〜八九頁。
37 宮家準「修験道」、宮家準編（一九八六）『修験道辞典』東京堂出版、一九〇頁。
38 宮家準（一九九六）『修験道と日本宗教』春秋社。
39 『神變』一九六六年七月八月合併号、四八頁。カッコ内は筆者補足。
40 『天理——心のまほろば・心の本』天理教道友社（一九七七年刊）、三三頁。
41 同前。
42 一九七四年三月二〇日、所内研究会での発言（PHP研究所所蔵の速記録）。
43 村上重良「民衆における生と死の問題——新宗教の生死観」の特に「2 陽気ぐらしと出直し——天理教」、田村芳朗・

44 源了圓編（一九七七）『日本における生と死の思想』有斐閣、二六八〜二七一頁。
45 前掲『天理』、三三頁。
川上恒雄（二〇一〇）「松下幸之助と稲盛和夫――その『哲学』の比較」『論叢 松下幸之助』

第5章 「期待される人間像」議論への参画

1 幸之助のいう「共同生活」については、たとえば、著作『人間を考える』に所収の、「人間の共同生活の意義」と題された「補章」を参照。第一四号。
2 松下幸之助（一九六八）『一日本人としての私のねがい』PHP研究所（一九八六年文庫版）、七一〜七二頁。
3 経済審議会答申「国民所得倍増計画」（一九六〇年一一月一日）より。
4 「戦後日本教育資料集成」編集委員会編（一九八三）『経済の高度成長と教育』（戦後日本教育資料集成 第七巻）、蒼人社。同書所収の経済審議会答申から引用。
5 松下幸之助「これでよいのだろうか」文部省編（一九六四）『中学校 道徳の指導資料 第一集（第一学年）』、九四〜九八頁。
6 議事速記録は、本章以下の引用も同様、国立公文書館デジタルアーカイブ（https://www.digital.archives.go.jp）の公開資料による。
7 一九六三年一〇月一一日、「第一回BS全国大会」。『発言集32』、三四四頁。
8 榊原烋一（一九七一）「道徳資料としてのPHP」『道徳と教育』一五〇号、一八頁。カッコ内は筆者補足。同誌一七頁に委員長名について「古川哲史先生」と記載。
9 勝部真長・和辻夏彦（一九七一）「対談 PHPの世界――その2」『道徳と教育』一五〇号、三三〜三七頁。
10 一九六四年三月三〇日「第十九特別委員会第八回会議」配付の「松下幸之助委員意見」および一九六四年六月二二日「第十九特別委員会第一三回会議」配付の「松下幸之助委員意見」を参照した。以下、意見書の「その一」から「その六」までは、上記資料による。
11 中間草案に対する賛否の概要について、「『期待される人間像』についての国政モニター報告書」（総理府、一九六五年三月）「戦後日本教育資料集成」編集委員会編（一九八三）『能力主義教育の展開』（戦後日本教育資料集成 第八巻）、蒼人社。

国立公文書館デジタルアーカイブにも収録。

12 「〝こんな人間〟に私はなりたい?――『期待される人間像』に物言いあり」『週刊朝日』一九六五年一月二九日号、一六～二三頁。「平均年令69才が期待する人間像」『サンデー毎日』一九六六年一〇月九日増大号、一四七～一五一頁。

13 高坂正顕(一九六六)『私見 期待される人間像』(増補版)筑摩書房、一四七～一四八頁。

14 二〇一三年一二月二一日付『朝日新聞』夕刊。

15 松下幸之助(一九六四)『繁栄のための考え方――私の経営観・人生観』PHP研究所(一九八六年文庫版)、二二三～二二四頁。

16 松下幸之助(一九七四)『社員稼業――仕事のコツ・人生の味』PHP研究所(二〇一四年新書版)、一三一～一三三頁。

17 一九六四年二月二四日開催の会合での発言。

18 一九六四年三月三〇日開催の会合での発言。

19 一九六四年四月一三日開催の会合での発言。

20 一九六四年二月二四日開催の会合で、平塚益徳の発言に対して。

21 たとえば、氣多雅子(二〇〇八)「宗教学の立場から『宗教的情操教育』を考える」『学術の動向』二〇〇八年一二月号、四六～四八頁。岩田文昭(二〇〇八)「道徳教育における宗教的情操概念の変質と実態」同前、五二～五四頁。

22 前掲『私見 期待される人間像』の「第四章 現代思想と人間像の分裂」。

23 同前、一〇七頁。

24 松下幸之助(一九五三)『PHPのことば』PHP研究所(一九七五年新版)、七一頁。

25 同前、九六～一〇三頁。

26 同前、二九二～三二五頁。

27 幸之助は、以下の著作を参考にしたという。唐沢富太郎(一九六一)『世界の道徳教育』中央公論社、および宮田丈夫編著(一九五九)『道徳教育資料集成』第一法規出版。

28 たとえば、『PHP』一九六三年一月号および三月号、『読売新聞』一九六三年一月一四日付、『毎日新聞』一九六三年一月二二日付。

29 前掲『繁栄のための考え方』、五四頁。内容は、一九六三年一〇月一五日に開催された全国校長研修会での講演にもとづく。カッコ内は筆者補足。

30 この三類型は、ハーバート・スペンサーの教育論に由来するといわれる。たとえば、『知育・徳育・体育論』三笠乙彦訳、明治図書出版(邦訳一九六九年)。

31 以下の文献にも収録。松下幸之助(一九九九)『遺論・繁栄の哲学』PHP研究所。

32 同前、一八九頁。

33 同前。

34 同前、一九三頁。

35 一九六六年一一月七日、松下電器社内の「第三十七回経営研究会」。『発言集27』二五七〜二五八頁。

36 一九六二年七月一三日付『読売新聞』および一九六三年一一月五日付『朝日新聞』掲載の記事を参照した。

補論 幸之助の「商道」が生み出された時代背景

1 PHP総合研究所編(二〇〇九)『松下幸之助「真筆集」永遠の言葉』PHP研究所、九三〜九四頁。

2 松下幸之助(一九六四)『繁栄のための考え方――私の経営観・人生観』PHP研究所(一九八六年文庫版)、二二一〜二二六頁。

3 ただし筆者は、フォードから事業の社会的意義を学んだという幸之助自身の記述に対して疑問を提示している。川上恒雄(二〇〇九)「松下幸之助の思想的背景はいかに把握されてきたのか――経営学者による研究を中心に」『論叢 松下幸之助』第一一号、一一二〜一一五頁。

4 実業之日本社社史編纂委員会編(一九九七)『実業之日本社百年史』実業之日本社(非売品)、二一六頁。

5 永嶺重敏(一九九七)『雑誌と読者の近代』日本エディタースクール出版部、二〇七〜二〇九頁。

6 『朝日新聞』と『読売新聞』のデータベースを用いた。

7 「特集『日本主義の再認識』」『東洋経済新報』一九三五年一月一日号、一〇四頁。

8 新渡戸稲造(一九三三)『内観外望』実業之日本社、所収の小論「武士道と商人道」。

9　バジル・ホール・チェンバレン「武士道――新宗教の発明」『日本事物誌 1』平凡社（一九六九年刊、原論文は一九一二年）。

10　原論文は、Longford, Joseph H. (1905) The Commercial Morality of the Japanese. *Contemporary Review* (87)。ロングフォードについては以下の文献も参照した。ジャネット・ハンター「公正な手段で富を得る――企業道徳と渋沢栄一」橘川武郎、パトリック・フリデンソン編著（二〇一四）『グローバル資本主義の中の渋沢栄一』東洋経済新報社、一二七～一三〇頁。

11　浮田和民（一九一七）「武士道と商道――我社記念大講演会席上に於ける講演」『実業之日本』第二〇巻第一六号、二一～三〇頁。

12　浮田和民（一九一七）「戦後商戦に対する修養――関西記念大講演会席上に於て」『実業之日本』第二〇巻第一四号、一四～一八頁、および八三頁。

13　浮田和民（一九一七）「必ず客を惹く主人番頭の心懸――大正の新商道」『実業之日本』第二〇巻第一一号、一一～一六頁。

14　大塚浩一（一九二五）「商売から見た最近の亜米利加」『実業之日本』第二八巻第二三号、一一～二〇頁。

15　新渡戸稲造（一九一七）「実業の目的」『実業之日本』第二〇巻第二四号、二六～二九頁。

16　新渡戸稲造（一九一六）『自警』実業之日本社。筆者は、国立国会図書館デジタルコレクション（https://dl.ndl.go.jp/pid/954006/1/1）で参照した。

17　増田義一（一九三一）「正しき金の儲け方」『実業之日本』第三四巻第一九号、一〇～一二頁。

18　松下幸之助（一九七五）『道は無限にある』ＰＨＰ研究所（二〇〇七年新装版）、五七～五八頁。なおこの内容は、一九六五年二月一六日に開催された「第九回産業訓練関西大会」での講演がもとになっている。したがって正確には、「四〇年以上のち」ではなく「三〇年以上のち」。

〈著者略歴〉
川上恒雄（かわかみ　つねお）
1991年一橋大学経済学部卒業、日本経済新聞社入社。1997年同社退社後、南山大学宗教文化研究所研究員、京都大学経営管理大学院京セラ経営哲学寄附講座非常勤助教などを経て、2008年PHP研究所入社。2019年より同社PHP理念経営研究センター首席研究員。著書に『「ビジネス書」と日本人』（PHP研究所）。ランカスター大学宗教学博士（Ph.D.）。エセックス大学社会学修士（M.A.）。

装丁：印牧真和

松下幸之助の死生観
成功の根源を探る

2024年3月12日　第1版第1刷発行

著　者　　川上恒雄
発行者　　永田貴之
発行所　　株式会社PHP研究所
東京本部　〒135-8137　江東区豊洲5-6-52
ビジネス・教養出版部　☎03-3520-9615（編集）
普及部　☎03-3520-9630（販売）
京都本部　〒601-8411　京都市南区西九条北ノ内町11
PHP INTERFACE　https://www.php.co.jp/

組　版　　有限会社エヴリ・シンク
印刷所　　図書印刷株式会社
製本所

ISBN978-4-569-85660-5

PHPの本

道をひらく

松下幸之助 著

運命を切りひらくために。日々を新鮮な心で迎えるために——。人生への深い洞察をもとに綴った短編随筆集。50年以上にわたって読み継がれる、発行560万部超のロングセラー。

PHPの本

続・道をひらく

松下幸之助 著

身も心も豊かな繁栄の社会を実現したいと願った著者が、日本と日本人の将来に対する思いを綴った116の短編随筆集。『PHP』誌の裏表紙に連載された言葉から厳選。

PHPの本

[新装版]思うまま

松下幸之助 著

「心を鍛える」「道を定める」「人生を味わう」――。折々の感慨や人生・社会・仕事に寄せる思い240編余りを集めた随想録。明日への勇気と、生きるための知恵を与えてくれる。